wellCUISINE

KNAUR
BALANCE

STEFANIE REEB

wellCUISINE

GENIESSEN, WAS GESUND UND GLÜCKLICH MACHT

FOTOGRAFIEN VON
THOMAS LEININGER

KNAUR
BALANCE

INHALT

EINLEITUNG

Du willst dich gesünder ernähren und dabei leckerer essen als jemals zuvor? Du möchtest besser aussehen und gleichzeitig so entspannt sein wie noch nie? Du hättest gern mehr Energie, um die Dinge zu tun, die wirklich Spaß machen?

Dann ist dieses Buch für dich. Die meisten Ernährungskonzepte legen den Schwerpunkt auf Gesundheit oder auf Genuss. Nicht so die Wellcuisine. Hier gehen Wellness (Gesundheit) und Cuisine (Genuss) eine sinnliche und wilde Ehe ein, die deinen Körper und deine Seele gleichermaßen glücklich macht. Die Wellcuisine-Ernährung ist undogmatisch und einfach erklärt. Der Fokus liegt auf wenig verarbeiteten Nahrungsmitteln aus der Natur. Das sind Gemüse, Früchte und andere vollwertige Lebensmittel. Wellcuisine ist der folgerichtig nächste Schritt nach allen extremen Ernährungsformen. Sie fördert die Gesundheit durch gute Zutaten, ohne dabei streng zu sein. Letztlich geht es um Balance, die aus der Vielfalt kommt. Wenn ein Keks mit weißem Dinkelmehl besser schmeckt als mit Vollkornmehl, dann wird er mit weißem Mehl gemacht, denn ein Keks ist die Ausnahme und nicht die Regel. Und wenn du dir ab und an ein Stück Bio-Fleisch oder einen Fisch zu den größtenteils vegetarischen Wellcuisine-Gerichten grillen magst: nur zu. Auch ein gutes Glas Rotwein schadet gesunder Küche nicht. Kleine Sünden plant die Wellcuisine fest mit ein und macht sie durch gute Zutaten sogar gesund.

Wusstest du, dass das englische Wort »well« übersetzt nicht nur »gesund« bedeutet, sondern auch »schön« oder »die Quelle«? Man könnte daher mit Recht sagen: Wellcuisine ist eine Quelle der Gesundheit und Schönheit.

Wellcuisine ist ein gesunder Lifestyle mit Genuss und Stil. Ich wünsche mir, dass du dich mit Wellcuisine nicht nur gesund fühlst, sondern auch schön und sexy. Und wann fühlst du dich schön und sexy? Wenn du ganz in deinem Körper zu Hause bist und dich magst, wie du bist. Ein gutes Körpergefühl und eine ordentliche Portion Selbstliebe machen nämlich sinnlicher als jeder BH von La Perla.

Ein gutes Leben in Balance ist so viel mehr als ein grüner Smoothie am Morgen und ein veganer Keks am Nachmittag. Es ist auch der liebevolle Blick in den Spiegel, die Art, wie du atmest, wie du dich bewegst und wie du denkst. Also lass uns über Essen reden, Essen genießen, Essen teilen, aber lass uns auch über Selbstliebe reden, über Gedanken, Bewegung und Atmung. Das ist kein normales Ernährungsbuch. Das ist Wellcuisine.

*Auf welche Sünde könntest du niemals verzichten? Bei mir sind es Kuchen und Kekse. Aus reinem Eigennutz habe ich sogar ein Backbuch (»Süß & gesund«, siehe **Seite 271**) geschrieben, das voll ist mit gesunden Interpretationen meiner liebsten Süßigkeiten.*

FAHRTLEITUNG
BOSCH
W61-3660

AUF DEN SCHULTERN VON RIESEN

»Wenn ich weiter geblickt habe, so deshalb, weil ich auf den Schultern von Riesen stand.«

Isaac Newton, Naturforscher

Ich komme aus einer Familie, in der Essen und Gesundheit die Themen sind, über die am meisten gesprochen, gelesen und gestritten werden. Als Kind dachte ich über beides nicht besonders viel nach. Globuli, Naturheilmittel, chinesische und indianische Medizin waren in unserem Haus genauso normal wie die Auswahl leckerer Kuchen am Sonntag und Delikatessen aus aller Welt, die jeder Reisende aus der näheren und ferneren Verwandtschaft nach Hause mitbringen musste, damit alle davon probieren konnten.

Ich mag Labels nicht besonders, weil sie die Dinge oft einfacher darstellen, als sie sind, aber in diesem Fall machen sie alles so schön plastisch: Meine Mutter und ihre Familie waren die »Gesundheitsbewussten«. Die Heiler. Die Ärzte. Mein Vater und seine Familie waren die »Genießer«. Die Lebemenschen. Die Besucher von Sternerestaurants.

Mein Großvater und meine Großmutter väterlicherseits fuhren in ihrer Freizeit Autorennen und Rallyes, gingen gern und gut essen und kauften Kleidung in Paris. Meine Großmutter hatte einen echten Affen in der Küche und trug zu Hause immer goldene Pumps. Mein Vater und seine Schwester waren die »Enfants terribles«. Wild, lebenshungrig und maßlos. Meine Mutter erklärte manchmal, dass sie mit meinem Vater vom Himmel in die Hölle gekommen war. Und sie mochte es. Zumindest meistens. Er fuhr mit ihr Freitagnacht spontan nach Paris zu »Les Halles«, um am Samstag sehr früh Austern zu essen. Und als meine Mutter mit mir schwanger war, kratzten sie all ihr Geld zusammen, reisten durch Frankreich und aßen in so vielen Sternerestaurants wie möglich. Anschließend kamen sie glücklich und vollkommen pleite wieder nach Hause.

Der Vater meiner Mutter war zuerst Hausarzt und wurde später Heilpraktiker, als er in den 1960er Jahren so schwer erkrankte, dass ihm normale Medizin nicht mehr weiterhelfen konnte. Mit einer Mischung aus Homöopathie, Akupunktur, Traditioneller Chinesischer und energetischer Medizin heilte er sich schließlich selbst und gewann mehr als 30 Jahre Lebenszeit hinzu.

Opi, so nannte ich ihn, lebte mit seiner Frau, meinen Eltern und mir in einem Haus. Er sprach nicht viel, aber er inspirierte uns alle dazu, über den Tellerrand zu schauen; das Unsichtbare als ebenso wirklich anzuerkennen wie das Sichtbare; den Körper als energetisches Instrument zu begreifen und vor allem daran zu glauben, dass alles möglich ist. Dass der Körper auch »unheilbare« Krankheiten heilen kann. Dass wir unser Schicksal selbst in die Hand nehmen müssen, um gesund und glücklich zu sein. Und dass wir darauf vertrauen können, diesen Weg nicht allein gehen zu müssen, sondern dass wir Hilfe und Unterstützung bekommen, sobald wir unserer Gesundheit und unserem Wohlbefinden höchste Priorität geben.

Ich bin mit 19 Jahren zu Hause ausgezogen und habe meine eigenen Abenteuer und meinen eigenen Lebensweg gesucht. Und doch habe ich die Prägung durch meine Familie immer mit mir getragen. Sie ist elementarer Bestandteil dessen, was ich heute bin: leidenschaftliche Köchin, Genießerin, Yoga-Lehrerin, Designerin und Ernährungsberaterin. Ich sehe mich weniger als Autorität auf einem einzigen Gebiet, sondern als eine, die die Welten des Genusses, der Schönheit und der Gesundheit miteinander verbinden kann. Für mich gehören gutes Essen, Schönheit, Gesundheit, Lebenslust, Sinnhaftigkeit und Bewegung einfach zusammen, denn sie alle dienen unserem Glück und geben uns die Energie, ein Leben nach unseren Vorstellungen zu führen.

Diese Welten sind das, was mein Leben ausmacht. Und mein Leben ist es, das dieses Buch ausmacht. Menschen, denen ich begegnet bin, Situationen, die ich erlebt habe, und Orte, die ich besucht habe, haben darin ihren Eindruck hinterlassen. Die letzten Jahre meines Lebens waren geprägt vom Reisen und vom Wohnen an verschiedenen Plätzen. In sieben Jahren zogen mein Mann Thomas, unser Hund Lilly und ich von Berlin nach Nizza, von Nizza nach Los Angeles, von Los Angeles nach Cleebourg (im Elsass) und von Cleebourg nach Mallorca.

Für mich steht jeder Ort, an dem ich gewohnt habe, für ein Thema. Berlin steht für den Entdeckergeist und die Suche nach neuen Wegen. Nizza für die Lust am Genuss. Los Angeles für Gesundheit und Yoga (dort haben Thomas und ich unsere Yoga-Ausbildung gemacht). Das Elsass für die Verbindung mit der Natur und das Leben mit den Jahreszeiten. Und Mallorca für Leichtigkeit und Lebensfreude.

In unserem Garten mitten auf dem Land auf Mallorca ist dieses Buch entstanden. Zwischen Olivenbäumen und Lavendelbüschen habe ich die Texte geschrieben und neue Rezepte probiert. Thomas hat sie fotografiert, und dann haben wir gegessen und gelacht bis spät in die Nacht. Und am nächsten Tag ging es von vorne los. Dieses Buch mit seinen Informationen, Geschichten, Rezepten und Bildern ist deshalb ein persönliches Buch. Es ist ohne Fotostudio, ohne kompliziertes Equipment und ohne technische Tricks entstanden. Es beinhaltet viele verschiedene Themen rund um Ernährung und Wellness, verfolgt aber nur ein Ziel: das Leben schöner zu machen und andere zu inspirieren. Nur dafür ist es da. Und ich freue mich, dass du diese Zeilen liest. Sie sind für dich.

EINE LIEBESGESCHICHTE

Liebesgeschichten beginnen meist unbeschwert und unverbindlich. Dann durchlaufen sie die ersten Höhen und Tiefen – eine Zeit, in der sich die Beteiligten von den Schokoladen- und Schattenseiten des anderen überzeugen können –, ehe sie sich entweder vertiefen oder wieder auseinandergehen.

»Eine gute Küche ist das Fundament allen Glücks.«

Georges Auguste Escoffier, französischer Meisterkoch

In der Liebesgeschichte zwischen meinem Essen und mir sah ich anfangs buchstäblich nur seine Schokoladenseite. Darauf folgten ein paar schmerzhafte Erkenntnisse, eine Krise, die Heilung, eine Vertiefung der Beziehung und eine tiefgreifende Transformation.

Aber fangen wir von vorne an: Als Kind liebte ich Süßigkeiten. Alle Arten von Süßigkeiten. Meine geheime Komplizin war meine Omi. Sie war genauso süchtig nach Zucker wie ich und versorgte mich regelmäßig mit Stoff. Wir aßen Schokolade bis zum Abwinken. Meine Omi hatte eine spezielle Technik: Sie lutschte die Schokolade und spuckte sie dann wieder aus. Sie hoffte, auf diese Weise nicht zuzunehmen. Genauso wie der Coitus interruptus – ein sehr ähnliches Prinzip – war die Methode nicht besonders wirksam. Du könntest sagen, in beiden Fällen war die Gefahr, dick zu werden, ziemlich groß. Ich nahm zwar nicht zu, hatte im Teenageralter aber mit anderen gesundheitlichen Problemen zu kämpfen. Ich hatte Candida-Infektionen im Darm, fühlte mich niedergeschlagen, war schnell überfordert und litt ständig unter Bauchschmerzen. Meine Gesundheit und Lebensenergie waren so beeinträchtigt, dass ich irgendwann bereit war, alles für eine Verbesserung zu tun.

Laut Deutschem Grünem Kreuz haben ungefähr zehn Prozent der Deutschen nachgewiesene Lebensmittelunverträglichkeiten. Die am häufigsten auftretenden Allergien sind die gegen Milch und Eier.

Ein Arzt attestierte mir damals eine Unverträglichkeit von Zucker, Milchprodukten und Weizenmehl, und in meiner Verzweiflung griff ich nach der neuen Ernährungsweise wie eine Ertrinkende nach einem Ast. Dennoch erforderte es viel Disziplin und Strenge, um durchzuhalten. Zum ersten Mal fiel mir auf, dass in fast allen »normalen« Nahrungsmitteln Zucker, Milch oder Weizen enthalten ist, und oft genug sogar alle drei gleichzeitig. Ich hatte das Gefühl, auf alles, was mir schmeckte, verzichten zu müssen. Stattdessen sollte ich mich mit dem gesunden, aber faden Essen begnügen, das ich noch zu mir nehmen durfte. Esseneinladungen wurden zur Qual, ein Besuch im Restaurant war schwierig, das Kochen zu Hause stellte eine echte Herausforderung dar.

Nach einer Zeit des Selbstmitleids erwachte allerdings der Trotz in mir. Ich hatte nie gekocht oder gebacken, aber nun schnürte ich mir zum ersten Mal eine Schürze um und ging in die Küche, um neue Wege und Rezepte zu finden. Ich brauchte nicht nur dringend ein paar Süßigkeiten, die ich essen durfte (die aus dem Bioladen Anfang der 1990er Jahre schmeckten mir nicht), sondern ich wollte meine Lust am guten Essen wiederentdecken. Ganz ohne Zucker, Milch und Weizen.

Viele verbrannte, zu harte, zu salzige, zu süße und zu krümelige Versuche später hatte ich Feuer gefangen. Aus der kleinen Liebelei wurde eine Leidenschaft und mit der Zeit eine immer tiefere und schönere Beziehung, die bis heute anhält. Allmählich machte auch meine Gesundheit große Fortschritte. Ich vertrug mein neues Essen besser und hatte keine quälenden Bauchschmerzen mehr. Meine Energie steigerte sich und mit ihr auch meine Stimmung und mein Lebensgefühl.

Zum größten Spaß meiner Freunde habe ich mal eine Zahnplombe verloren, als ich mit glutenfreiem Pizzateig experimentierte. Meine ersten Versuche endeten sehr hart und klebrig – sie waren echte »Plombenzieher«.

Meine Lust, gesund und lecker zu kochen, hatte an einem Tiefpunkt begonnen, führte mich aber im Lauf der Zeit zu immer neuen Höhen. Heute inspiriert mich mein Essen nicht nur Tag für Tag aufs Neue und lässt mich nachts oft wach liegen, um über neue Geschmackskombinationen nachzudenken. Es hat mich auch gesund gemacht und ist mit Sicherheit einer der Gründe, warum ich mich mit Ende 30 körperlich und seelisch besser fühle als jemals zuvor. Und das ist das wirkliche Ende der Geschichte. Oder der Anfang – je nachdem.

ÜBER DIESES BUCH

Dieses Buch besteht aus zwei Teilen. Der erste Teil »WELLCUISINE – Inspirationen für ein gutes und gesundes Leben« gliedert sich auf in acht Kapitel, deren Überschriften man als Manifest lesen kann. Darin habe ich die für mich wichtigsten Themen zusammengefasst, die zu einer gesunden Ernährung und einem genussvollen Lebensstil gehören. Jedes dieser Themen ist eigentlich zu umfangreich, um in einem einzigen Kapitel ausreichend behandelt zu werden. Ich habe deshalb Aspekte ausgewählt, die mir selbst geholfen haben, bessere Entscheidungen für mich und meine Gesundheit zu treffen. Im zweiten Teil des Buches, »WELLCUISINE – die Rezepte«, findest du Rezepte für Frühstück, Snacks, Suppen, Salate, kleine Gerichte, Hauptmahlzeiten, Süßes, Getränke und die Körperpflege.

Viel Spaß beim Lesen und guten Appetit!

Teil 1

wellCUISINE

Inspirationen für ein gutes und gesundes Leben

MACHE DEINE EIGENEN REGELN

Wie du bessere Entscheidungen für deine Gesundheit und dein Wohlbefinden triffst.

Habe Spaß, liebe dein Essen und dich selbst und mache deine eigenen Regeln. Das ist meine kleine Rezeptur fürs Leben. Ich weiß nicht, wie es dir geht, aber meine glücklichsten Momente hatte ich immer dann, wenn ich meine eigenen Entscheidungen treffen konnte. Das Gefühl, das entsteht, wenn du dein Leben selbst gestaltest, ist einfach so unvergleichlich viel besser, als wenn du nach den Trommeln anderer Leute tanzt.

Bestimmt hast auch du schon Phasen erlebt, in denen du nicht dein eigenes Süppchen gekocht, sondern das von anderen gelöffelt hast. Das ist im besten Fall okay, aber immer etwas fad. Und lebendig, frei und fröhlich war es bestimmt nicht, denn das geht nur, wenn du nach deinen eigenen Regeln lebst und im Selbstversuch herausfindest, was dir guttut und was nicht. Gerade im Bereich Ernährung gibt es unendlich viele Konzepte, Meinungen und Erkenntnisse. Wenn du dich nur auf die Ratschläge anderer verlässt, bleibst du zwangsläufig verwirrt zurück, da fast jedes Lebensmittel irgendwo als gefährlich und gesundheitsschädigend eingestuft wird. Und zu jeder Ernährungsweise gibt es eine andere, die diametral entgegengesetzt ist. Du kannst dich also letztlich nur auf deine Erfahrungen, dein Bauchgefühl und deinen gesunden Menschenverstand verlassen.

»Du kannst dein Leben nicht als Reaktion auf andere führen. Du musst es zu deinem eigenen machen.«

Yogi Bhajan,
Kundalini-Yoga-Lehrer

Ich lasse mich gerne von verschiedenen Ernährungsmethoden inspirieren und probiere Dinge aus, um dann zu entscheiden, was mir und meinem Körper guttut. Dabei mag ich mich nicht einer Gruppierung anschließen. Ich esse hauptsächlich vegetarisch, bin aber keine Vegetarierin. Ich backe meist vegan, bin aber keine Veganerin. Zu Hause verwende ich keinen weißen Zucker, aber an einem heißen Sommertag hole ich mir auch mal ein Eis und genieße es einfach. Fleisch oder Fisch kaufe ich sehr bewusst und nur selten. Kuhmilchprodukte tun mir nicht gut, Ziegen- oder Schafmilchjoghurt esse ich aber. Ich bin ein Mensch, der isst. Auf meine Art. Nach meinen eigenen Regeln.

Ein Ernährungsstil, der auf die individuellen Bedürfnisse des Einzelnen eingeht und prinzipiell nichts ausschließt, wird »intuitive Ernährung« genannt. Bei der intuitiven Ernährung hörst du auf deinen Körper und passt dein Essen auf dessen Bedürfnisse immer wieder flexibel an.

Essen bereitet mir Freude, und meinem Körper gibt es die Energie, die er benötigt, um gut zu funktionieren. Eigentlich ganz einfach. In den letzten Jahrzehnten ist das Thema Essen allerdings um einiges komplizierter geworden. Unsere Nahrung kommt nicht mehr direkt aus unserem Garten auf den Tisch, sondern durchläuft oft komplexe Prozesse, bis sie auf unserem Teller landet. Essen ist zu einem großen Wirtschaftszweig mit vielen Interessen geworden. Ein Großteil dieser Interessen hat nicht unsere Gesundheit im Blick, sondern wirtschaftliche Faktoren. Hier sind wir gefragt, uns zu informieren, um zu entscheiden, was wir für unsere Ernährung auswählen und was nicht. Dafür müssen wir herausfinden, was uns guttut, unseren eigenen Weg gehen und unsere eigenen Regeln machen.

»Wenn ich etwas gelernt habe, dann das: Wir müssen unseren Weg aus diesem ganzen Schlamassel hinaus kochen.«

Dr. Mark Hyman, Arzt und Autor

Ich sehe uns wie die kleinen Kinder der Weltgeschichte, die erstmals mit großen glänzenden Augen vor einer riesigen Menge an Lebensmitteln stehen, aus denen wir frei auswählen können. Diese Entscheidungsfreiheit, die für uns so selbstverständlich ist, stellt eigentlich eine Sensation in der Menschheitsgeschichte dar. Oft vergessen wir, dass vor 100 Jahren kaum jemand wählen konnte, was er essen wollte oder nicht. Man nahm, was die Natur gerade im Angebot hatte. Noch nicht einmal Kaiser und Könige hatten dieselbe Bandbreite an Speisen, aus denen wir heute jeden Tag wählen.

Mit Freiheit muss man umgehen können, denn sie macht erst einmal alles möglich. Du kannst essen, bis du platzt, oder zwei grüne Äpfel pro Tag knabbern und sonst nichts. Du kannst aus deiner Ernährung eine komplizierte Angelegenheit machen oder gar nicht darüber nachdenken. Doch egal, was du tust, du triffst immer, ob bewusst oder unbewusst, eine Entscheidung. Und die Entscheidung, wie und was du isst, gehört zu den grundlegendsten überhaupt, denn dadurch bestimmst du über deinen Körper, deine Gefühle, deine Gesundheit und letztlich über dein Schicksal.

SAGE MIR, WIE DU ISST, UND ICH SAGE DIR, WER DU BIST

Du bist, was du isst, sagt eine alte Weisheit. Für mich heißt das auch, dass wir an der Art, wie wir essen, erkennen können, wie es uns geht. Nirgends sonst wird so deutlich, wie unsere Beziehung zu uns selbst ist. Wenn wir essen, dann lassen wir einen Teil der Außenwelt in unser Innerstes hinein und nähren unser Lebensfeuer damit. Unsere Zellen brauchen die Nährstoffe, die wir ihnen durch unsere Nahrung anbieten. Essen in seiner reinsten Form ist ein Akt der Liebe: Wir geben unserem Körper alles, was er braucht, und stärken gleichzeitig die Verbindung zu uns selbst, weil Selbstvertrauen entsteht, wenn wir gut für uns sorgen.

»Perfekte Gesundheit beginnt mit jedem Gedanken, den du denkst, und mit jedem Bissen, den du isst.«

Louise Hay, Autorin und Gründerin des Verlags Hay House

Wie sorgen wir gut für uns? Nicht, indem wir wahllos alles in uns hineinschaufeln. Auch nicht, indem wir jedes Lebensmittel als potenziellen Krankmacher betrachten. Wir sorgen gut für uns, wenn wir unseren Körper mit natürlicher Nahrung versorgen. Wenn wir unser Essen mit Liebe und Sorgfalt kaufen, zubereiten und zu uns nehmen. Wenn wir ganz bei der Sache sind und unsere Nahrung genießen. Wenn wir unseren Verstand benutzen, um Nahrung auszuwählen, die unser Körper braucht, und unseren Gaumen, um sie zu genießen.

Viele Menschen entscheiden sich (oft unbewusst) für eine Ernährung nach der Vernunft oder nach dem Geschmack. Wer nur nach der Vernunft isst, neigt zur Strenge. Es fehlen das Herz, die Lust, die Sinnlichkeit. Essen wird zur Religion. Vernunftesser definieren sich genauso stark über das, was sie nicht essen, wie über das, was sie essen. Wirklich Spaß macht das nicht.

Wer dagegen nur nach dem Geschmacksprinzip isst, kommt in einer Zeit, in der der nächste Hamburger höchstens fünf Minuten entfernt ist, schnell unter die Räder. Und da ein Großteil unserer Gesellschaft aus Genussessern besteht, haben wir auch so viele gesundheitliche Probleme:

- Mehr als ein Drittel unserer Erkrankungen gehen auf unsere Ernährung und unseren Lifestyle zurück.

- Unsere Volkskrankheiten sind Bluthochdruck, Fettstoffwechselstörungen, Diabetes Typ 2 und Herzerkrankungen. Sie alle werden beeinflusst von der Art, wie wir essen und leben.

- Die häufigste Todesursache in Deutschland sind Herz-Kreislauf-Erkrankungen. Die Weltgesundheitsorganisation geht davon aus, dass in 80 % der Fälle die Lebensspanne durch eine bessere Ernährung und einen gesünderen Lifestyle hätte verlängert werden können.

- Immer mehr Kinder und Jugendliche erkranken an der »Alterskrankheit« Diabetes Typ 2.

- Jeder zweite Deutsche ist übergewichtig, 16 % der Deutschen sind stark übergewichtig. Wissenschaftler prognostizieren, dass die Zahl der Übergewichtigen in Deutschland bis 2030 um 80 % steigen wird.

- Das Deutsche Krebsforschungsinstitut meldet, dass Zehntausende von Tumordiagnosen in Deutschland durch Übergewicht ausgelöst werden. Mediziner gehen davon aus, dass Übergewicht in Zukunft der Krebsrisikofaktor Nummer eins sein wird.

Übergewicht wird anhand des BMI (Body-Mass-Index) definiert. BMI-Rechner und Bewertungen in Unter-, Normal- und Übergewicht findest du im Internet. Der Body-Mass-Index allein ist aber nicht entscheidend, es muss zum Beispiel auch der Taillenumfang berücksichtigt werden, denn Bauchfett ist das für die Gesundheit schädlichste Fett. Deshalb sollte der Taillenumfang bei Frauen möglichst nicht über 88 cm und bei Männern nicht über 102 cm liegen.

WONACH WIR EIGENTLICH HUNGERN

Wenn wir aus der Art, wie wir essen, Rückschlüsse ziehen wollen, wie es uns als Gesellschaft geht und wie viel wir uns selbst wert sind, dann sieht das Ergebnis nicht besonders rosig aus. Wir Deutschen befinden uns an vierter Stelle der Länder weltweit, die im Verhältnis zu ihrem Einkommen am wenigsten Geld für ihre Nahrung ausgeben. Sogar für unser Auto wenden wir mehr auf.

Lange Zeit haben wir so getan, als hätte unser Essen keine Auswirkung auf unser Leben. Selbst viele unserer Ärzte haben nur minimale Kenntnisse darüber. Geh mal als Kranker in ein Krankenhaus und schau, was du zu essen bekommst, dann weißt du, was ich meine. Wir haben nur nach der Vernunft oder nur nach dem Genuss gegessen, und beides hat uns nicht wirklich gesünder oder glücklicher gemacht. Wir wollten es lange Zeit nicht wahrhaben, aber wir sind ganzheitliche Wesen. Wir sind nicht nur Genuss oder Verstand, Körper oder Seele. Alles in uns steht miteinander in Verbindung, ob wir das anerkennen oder nicht. Oft spüren wir diese Verbindung nicht mehr, weil wir sie so lange vergessen, verdrängt und missachtet haben.

Wir Deutschen geben nur knapp 11 % unseres Einkommens für Essen aus – vor 60 Jahren waren es noch 44 %. Für Auto und Verkehr geben wir 14 % unseres Verdienstes aus.

Jetzt hungern wir nach ihr und spüren dieses »Loch im Bauch«, das aber keine Nahrung der Welt jemals stopfen kann. Verbindung ist unsere primäre Nahrung. Sie ist das, was wir wirklich brauchen, um satt zu werden. Sie entsteht dann, wenn wir uns auf den Moment einlassen. Wenn wir Gerüche wahrnehmen, den Boden unter unseren Füßen spüren und einen tiefen Atemzug nehmen. Oder wenn wir beim Einkaufen unsere Lebensmittel mit Sorgfalt auswählen, an ihnen riechen und sie anfassen. Wenn wir unser Essen mit Liebe zubereiten, es genießen und mit anderen teilen. Unsere Aufmerksamkeit schafft Verbindung – zu uns selbst, zu unserem Körper, zu unserer Umgebung und zu anderen.

Es wird Zeit, dass wir diese Lücke in uns schließen und nicht mehr bereit sind, auf echte Verbindung zu verzichten; dass wir uns keinen Tag länger nach dieser Einheit hungern lassen; dass wir nicht nach dem Rhythmus fremder Trommeln tanzen und dass wir das tun, was wir schon längst hätten tun sollen: unsere eigenen Regeln machen.

»Eine gesunde Einstellung ist ›ansteckend‹. Aber warte nicht ab, bis andere dich ›infizieren‹, sondern sei selbst der Überträger.«

Tom Stoppard, Dramatiker

ACTION STEPS

FORMULIERE DEIN WELLNESS-ZIEL

Nimm ein Blatt Papier und einen Stift und setze dich ruhig hin. Schließe die Augen und atme tief ein und aus. Dann frage dich, was du dir für deine Gesundheit und für dein allgemeines Lebensgefühl wünschst. Willst du zum Beispiel mehr Energie haben, dich gesünder ernähren, mehr Ausdauer bekommen, ein paar Kilo abnehmen oder besser schlafen? Konzentriere dich auf ein bis drei Themen und stelle dir vor, wie es sich anfühlt, dein Ziel erreicht zu haben. Dann formuliere deinen Wunsch so, als hätte er sich bereits erfüllt. Wenn dein Ziel ist, fünf Kilo abzunehmen, dich gesünder zu ernähren und mehr Energie zu haben, dann schreibst du zum Beispiel auf: »Mein Körper ist gesund und schlank. Ich wähle Nahrung aus, die mir guttut, und ich sprühe vor Energie.«

Achte auf dein Gefühl, während du dein Wellness-Ziel liest. Formuliere es so lange um, bis es sich gut und zuversichtlich anfühlt. Dann hänge das Blatt Papier irgendwo auf, wo du es ständig siehst, beispielsweise im Bad neben dem Spiegel oder an der Kühlschranktür.

Dein Wellness-Ziel soll dich an deine übergeordneten Ziele erinnern. Während wir unser Leben leben, ist es gut, wenn wir uns zwischendurch daran erinnern, was wir wirklich wollen, so dass wir unsere kleinen und großen Entscheidungen in Harmonie mit unseren Zielen treffen können. Je öfter wir ein positives Statement über unsere Wünsche lesen oder innerlich wiederholen, desto nachhaltiger verändern wir damit unsere innere Haltung und desto leichter fällt es uns, neue und gesündere Gewohnheiten zu etablieren.

MACHE EINE TO-DO-LISTE

Das beste Wellness-Ziel ist wertlos, wenn es nur ein Satz auf dem Papier bleibt. Deshalb überlege dir, mit welchen Aktivitäten du deinem Wellness-Ziel näher kommst. Zum Beispiel mit einem wöchentlichen Einkauf auf dem Markt, damit du immer frische Lebensmittel zu Hause hast, wenn du hungrig bist. Mit einem längeren Spaziergang alle zwei Tage. Oder mit einer Stunde Zeit nur für dich. Dann nimm deinen Kalender und trage dir für die kommende Woche konkrete Termine für diese Aktivitäten ein. Wiederhole diese Prozedur jede Woche und du wirst sehen, dass sich deine Ziele wie von selbst erfüllen.

»Disziplin bedeutet, die eigenen Ziele nicht aus den Augen zu verlieren.«

Marie Forleo, Unternehmerin und Coach

ISS NATÜRLICH

Drei einfache Dinge, die deine Ernährung verbessern.

Meine Ernährung und ich haben schon sehr unterschiedliche Phasen miteinander erlebt. In meiner Kindheit aß ich so oft wie möglich Süßigkeiten, in meiner Jugend dann gar keine mehr, weil ich gesundheitliche Probleme hatte. Dann strich ich Weizen und Kuhmilch von meinem Speiseplan. Und während meiner Ausbildung zur Yogalehrerin verzichtete ich auf alle tierischen Nahrungsmittel. Heute esse ich nach meinen eigenen Regeln. Ich bin eine gesundheitsbewusste Flexitarierin und esse das, was sich für mich und meinen Körper gut anfühlt. Doch das ist nur die halbe Wahrheit. Mit der Zeit bin ich auf drei sehr einfache Grundregeln gekommen, die sicher nicht nur mir, sondern den meisten von uns guttun. Ich formuliere sie frei nach einem Zitat von Michael Pollan, der sich viele kluge Gedanken über uns und unser Essen gemacht hat:

Meine Buchempfehlung: »Lebens-Mittel: Eine Verteidigung gegen die industrielle Nahrung und den Diätenwahn« von Michael Pollan.

Iss natürlich. Hauptsächlich pflanzlich. Nicht zu viel.

Das ist für mich der Kernsatz guter Ernährung. Aber was heißt zum Beispiel »natürlich«? Für mich bedeutet es, dass unsere Nahrung ohne Gifte wachsen konnte. Sie wurde wenig verarbeitet und enthält keine Konservierungsmittel und Geschmacksverstärker. Unser Körper kann sie am besten verwerten, weil er sie »kennt«. Nahrung aus dem Labor hingegen braucht das Äquivalent eine Labors, um verstoffwechselt zu werden. Das heißt, dass unser Körper massenhaft Energie benötigt, um die Nahrung zu verdauen. So bleibt ihm weniger Zeit und Kraft für die Reparatur und Erneuerung unserer Zellen, was auf Dauer zu Entzündungen und allerlei anderen Problemen führt.

Eine hauptsächlich pflanzliche Ernährung leuchtet uns vermutlich allen ein, auch wenn sich manche von uns leichter und andere schwerer damit tun. In meinem Umfeld beobachte ich, dass immer mehr meiner Freunde ihren Fleischkonsum einschränken oder zeitweise oder völlig zu Vegetariern werden. Jedenfalls sind wir uns durch Medienberichte über Massentierhaltung und Bücher wie zum Beispiel »Tiere essen« von Jonathan Safran Foer bewusst geworden, dass wir als Konsumenten eine Industrie des Leidens unterstützen können oder eben nicht. Und dass wir mit unserem Einkauf Verantwortung tragen für die Tiere, aber auch für unsere Natur, die an der Massentierhaltung leidet, und für unseren Körper, der durch das Fleisch gestresster und kranker Tiere belastet wird.

Wenn du Rindfleisch kaufst, dann achte darauf, dass die Tiere mit Gras bzw. Heu gefüttert wurden und nicht mit Mais und Getreide. Rinder vertragen Mais und anderes Getreide nicht und werden krank davon. Dann werden sie mit Antibiotika behandelt, das dann zusammen mit dem Schnitzel auf deinen Teller wandert. Nicht so lecker.

Ich finde, es ist eine Anforderung unserer Zeit, dass wir uns mit pflanzlicher Nahrung beschäftigen und sie zum Mittelpunkt unseres Tellers machen, egal, wie viel Fleisch wir bis heute gegessen haben oder nicht. Fleisch und Fisch aus artgerechter Haltung sind um einiges teurer als die gleiche Ware

Falls du gar kein oder wenig tierisches Eiweiß isst, solltest du vorsichtshalber Vitamin-B_{12}-Tabletten als Nahrungsergänzung einnehmen. Dieses Vitamin ist in pflanzlicher Nahrung oft nicht ausreichend vorhanden. Der Körper braucht es aber unter anderem für den Aufbau roter Blutkörperchen und für die Funktionen des Nervensystems.

aus Massentierhaltung. Und so sollte es auch sein, denn das Geld, das wir ausgeben, spiegelt unseren Respekt gegenüber den Tieren wider. Geld darf beim Kauf von Fleisch nicht der entscheidende Faktor sein. Vielmehr sollten wir darüber nachdenken, es seltener zu essen. So haben es unsere Vorfahren jahrtausendelang gemacht.

So ergab auch eine Untersuchung Dan Buettners im Auftrag von National Geographic, dass die ältesten und gesündesten Menschen der Welt sich folgendermaßen ernähren:

- Ihre Nahrung ist natürlich und unverarbeitet.
- Sie besteht hauptsächlich aus Gemüse und Obst.
- Fleisch kommt selten auf den Teller.
- Sie essen und trinken maßvoll.
- Sie trinken ca. 1 Glas Rotwein pro Tag (na, wenn das keine gute Nachricht ist).

Die Ergebnisse von Dan Buettners Recherche findest du in seinem Buch »The Blue Zones«.

Dan Buettner fand eine besonders große Anzahl quicklebendiger 100-Jähriger an Orten, die er die Blue Zones nannte. Das sind fünf Orte auf der Welt, an denen Menschen in enger Gemeinschaft leben und fröhlich und aktiv alt werden. Dazu gehören eine Bergregion auf Sardinien, die japanische Inselgruppe Okinawa, die Halbinsel Nicoya in Costa Rica, die griechische Insel Ikaria und die religiöse Gemeinschaft der Siebenten-Tags-Adventisten in Kalifornien. Auffällig ist, dass vier der fünf Blue Zones recht abgeschieden vom Rest der Welt liegen und die Menschen dort vor allem auf Essen aus der direkten Umgebung oder sogar aus dem eigenen Garten angewiesen sind.

Biodynamische Landwirtschaft, die mit dem Demeter-Siegel zertifiziert wird, toppt das normale »Bio« noch um Längen. Sie wurde in den 1920er Jahren von Rudolf Steiner ins Leben gerufen und sieht den landwirtschaftlichen Betrieb mit seinen Menschen, Tieren, Pflanzen und Ländereien als lebenden Organismus, der sich in Harmonie mit den Sonnen- und Mondphasen aus sich selbst neu erschafft und erhält.

Der Vorteil von Nahrung aus unserer direkten Umgebung ist, dass sie schneller auf unserem Teller landet und somit mehr Nährstoffe enthält als Essen, das erst weite Wege zurücklegen musste. Essen, das direkt aus dem Garten kommt, hat aber noch einen anderen Vorteil: Es enthält keine Pestizide, und der Boden ist gesund. Das sind meiner Meinung nach auch die ausschlaggebenden Gründe, Bio-Ware einzukaufen. Pass auf, hier kommt eine wichtige Einsicht: Du bist nicht nur, was du isst, sondern du bist auch, was dein Essen isst. Wir sollten uns also dafür interessieren, womit die Pflanzen und Tiere, die wir essen, genährt wurden, bevor sie auf unseren Teller kommen. Hier liegt Bio auf jeden Fall weit vorne. Ich weiß, dass in den Medien das Für und Wider von Bio ausführlich diskutiert wurde. Die beißende Kritik an Bio-Nahrung hat sogar einen Namen: Bio-Bashing. Doch spätestens seit die Universität von Newcastle im Jahr 2014 die Ergebnisse der bisher ausführlichsten wissenschaftlichen Studie über

Bio-Lebensmittel im Vergleich zu konventioneller Ware herausgebracht hat, ist eindeutig klar: Bio ist einfach besser, und zwar aus folgenden Gründen:

- Bio-Kost enthält bis zu 69 % mehr Antioxidantien. Diese benötigt unser Körper, um damit Freie Radikale unschädlich zu machen, die zu Entartungen unserer Zellen und damit zu Krankheiten und im schlimmsten Fall zu Krebs führen.
- Bio-Lebensmittel enthalten weniger toxische Schwermetalle, zum Beispiel 50 % weniger Kadmium.
- Bio-Ware enthält kaum Pestizidrückstände und viel weniger krebserregende Nitrat- und Nitritverbindungen.

»Sei freundlich zur Erde.«

Dalai Lama

Für mich ist ein weiterer wichtiger Punkt, dass sich Bio-Landbetriebe besser und nachhaltiger um die Gesundheit unserer Böden kümmern. Die Erde, in der unsere Pflanzen wachsen, ist die Grundlage für die Gesundheit unseres gesamten Planeten. Eine fruchtbare Schicht Erde in Höhe von 10 cm braucht 2000 Jahre, um sich zu bilden. Bio-Landwirte unterstützen ihr Milieu durch natürliche Dünger und die Kombination verschiedener Pflanzen, die Land und Boden (und Tieren und Menschen) guttun. Im Gegensatz dazu hat die konventionelle Landwirtschaft den Zustand des Bodens weitgehend ignoriert beziehungsweise durch das Anpflanzen von Monokulturen und die Behandlung mit künstlichem Dünger und Pestiziden stark geschädigt.

Muss deswegen all unser Essen bio sein? Am besten so viel wie möglich. Das Leben ist jedoch das Leben, und es ist nicht immer alles perfekt – und muss es auch nicht sein. Deshalb gibt es auch hier eine einfache Regel: Manche Lebensmittel absorbieren mehr Pestizide, Giftstoffe und Hormone als andere. Diese sollten wir, wenn möglich, immer in Bio-Qualität kaufen. Die Fakten dazu stammen von der amerikanischen »Environmental Working Group« (EWG), einem gemeinnützigen Verein, der sich um Gesundheitsthemen im Zusammenhang mit Umweltgiften kümmert. Das Gute ist: Es gibt auch eine Liste der Lebensmittel, die Umweltgifte weniger stark absorbieren und speichern. Beide Listen findest du auf **Seite 29**.

Sprich mit den Betreibern konventioneller Bauernhöfe in deiner Umgebung (zum Beispiel auf dem Wochenmarkt) und frage nach, wie sie arbeiten. Gerade bei kleinen Betrieben stellt sich oft heraus, dass sie ähnlich wie Bio-Betriebe wirtschaften und lediglich kein Geld für teure Bio-Siegel ausgeben können. Ihre Lebensmittel sind eine echte Alternative zu Bio, da sie zudem regional sind.

DIESE LEBENSMITTEL SOLLTEST DU BESSER IM BIO-LADEN KAUFEN:

- Äpfel
- Blaubeeren
- Erdbeeren
- Kirschen
- Pfirsiche und Nektarinen
- Trauben

- Grüne Bohnen
- Kartoffeln
- Paprika
- Salatgurke
- Spinat und Grünkohl
- Stangensellerie
- Tomaten

PLUS: Alle Milchprodukte, Eier und Fleisch.

DIESE LEBENSMITTEL KANNST DU AUCH KONVENTIONELL KAUFEN:

- Ananas
- Grapefruit
- Kiwi
- Mango
- Papaya

- Aubergine
- Avocado
- Blumenkohl
- Erbsen (gefroren)
- Frischer Mais
- Spargel
- Süßkartoffeln
- Weißkohl
- Zwiebeln

Mehr Infos und aktualisierte Listen gibt es auf der Seite www.ewg.org.

»Fülle deinen Teller mit den Farben des Regenbogens. Was dem Auge gefällt, gefällt auch dem Körper.«

Deepak Chopra, Autor und Ayurveda-Therapeut

ISS DEN REGENBOGEN

Wenn ich mir Familienfotos aus den 1980er Jahren ansehe, dann zucke ich oft unwillkürlich zusammen beim Anblick der schrillen Farben unserer Kleidung. Nicht nur die Intensität der einzelnen Farben, sondern auch ihre Kombination in einem einzigen Kleidungsstück bringt mich immer wieder zum Lachen. Es wundert mich nicht, dass das Konzept der Regenbogenernährung in dieser Zeit erstmals aufkam. Ich stelle mir vor, dass es von einigen Leuten in grellgestreiften Jeans und farbverlaufenden Pullis mit rasender Begeisterung angenommen wurde. Später geriet die Regenbogenernährung wieder in Vergessenheit und wurde erst in letzter Zeit, genau wie die Röhrenjeans, wieder hervorgekramt und aufs Neue bewundert. Essen nach dem Regenbogen ist tatsächlich sinnvoll, denn die Farben unserer pflanzlichen Lebensmittel geben Aufschluss darüber, welche Phytonährstoffe und Antioxidantien die Pflanze enthält. Diese Stoffe schützen die Pflanze vor Krankheiten, und genau das tun sie auch mit uns, wenn wir die Pflanze essen. Es ist also nicht nur schön fürs Auge und lecker für den Gaumen, wenn wir unseren Teller mit den unterschiedlichsten Farben füllen, sondern wir tun unserer Gesundheit damit etwas wirklich Gutes.

Wie die Pflanzenfarbstoffe unserer Nahrungsmittel auf uns wirken, siehst du auf den folgenden Seiten …

ESSEN NACH DEM REGENBOGEN. WELCHE FARBE BRINGT WAS?

ENTGIFTENDES GRÜN

Grüne Lebensmittel enthalten unter anderem die Pflanzenfarbstoffe Chlorophyll und Lutein. Chlorophyll hilft beim Aufbau neuer Blutzellen, wirkt entgiftend und stärkt die Leber. Lutein schützt und regeneriert Augen und Sehkraft. Je dunkelgrüner ein Lebensmittel ist, umso mehr gesundheitsfördernde Pflanzenfarbstoffe enthält es.

GRÜNE GEMÜSE: Salate, Kräuter, Bohnen, Erbsen, Gurken, grüne Paprika, Avocados, Zucchini, Grünkohl, Spinat, Mangold.

GRÜNE FRÜCHTE: Kiwis, grüne Weintrauben und grüne Birnen und Äpfel.

STÄRKENDES GELB UND ORANGE

Gelbes und orangefarbenes Essen enthält Carotinoide, die das Immunsystem stärken, indem sie die Zellen vor Schädigungen durch Freie Radikale schützen. Sie verlangsamen die Hautalterung, stimulieren die Verdauung und den Stoffwechsel, sorgen für gesunde Augen und beugen Krebs vor. Gelbe und orangefarbene Farbstoffe wirken wie die Farben selbst aufbauend und stärkend.

GELBES/ORANGEFARBENES GEMÜSE: Kürbis, Süßkartoffeln, Karotten, Pastinaken, gelbe Zucchini, gelbe und orangefarbene Paprika.

GELBE/ORANGEFARBENE FRÜCHTE: Bananen, Orangen, Mandarinen, Zitronen, Grapefruits, Ananas, Mirabellen, gelbe Pflaumen, Sanddorn, Mangos und Aprikosen.

GELBE/ORANGEFARBENE GEWÜRZE: Ingwer, Kurkuma und Safran.

BELEBENDES ROT

Die meisten roten Obst- und Gemüsesorten enthalten reichlich Lycopin. Dieser Farbstoff gehört zur Gruppe der Carotinoide, die auch in den gelben und orangefarbenen Lebensmitteln stecken. Rote Nahrungsmittel verlangsamen die Haut- und Zellalterung. Außerdem werden sie in der Vorbeugung von Prostatakrebs eingesetzt. Genauso wie die Farbe Rot wirkt auch der rote Farbstoff selbst anregend und belebend. Dadurch ist er gut für das Herz-Kreislauf-System.

ROTES GEMÜSE: Tomaten, rote Paprika.

ROTE FRÜCHTE: Hagebutten, Granatäpfel, Himbeeren, Rote Johannisbeeren, Preiselbeeren, Wassermelonen.

ROTE GEWÜRZE: Chili.

BERUHIGENDES BLAU UND VIOLETT

Die blauen und violetten Farbstoffe von Obst und Gemüse heißen Anthocyane (oder Betalaine in der Roten Bete) und sind echte Anti-Aging-Wundermittel. Sie verlangsamen die Hautalterung, halten die Blutgefäße jung, verbessern das Gedächtnis und die Sehkraft und wirken generell entzündungshemmend. Genauso wie die Farbe Blau hat auch der blaue Farbstoff eine beruhigende Wirkung.

BLAUES/VIOLETTES GEMÜSE: Rote Bete, Blaukraut, der Salat Lollo rosso, blaue Bohnen.

BLAUE/VIOLETTE FRÜCHTE: Heidelbeeren, Pflaumen, Schwarze Johannisbeeren, blaue Weintrauben, Holunderbeeren, Feigen, Brombeeren.

MONOGAMIE IST UNGESUND

Wenn es um das Essen auf deinem Teller geht, dann ist Abwechslung alles. Je vielfältiger dein Speiseplan ist, desto besser. Der Arzt und Philosoph Paracelsus sagte schon im 16. Jahrhundert: »Alle Dinge sind Gift, und nichts ist ohne Gift; allein die Dosis machts, daß ein Ding kein Gift sei.«

Ich drücke es auf meine Art aus: Immer dasselbe essen ist ungesund. Also mach es nicht wie der Großteil der Leute und iss ständig Weizen und Milchprodukte (oder – hallo Vegetarier! – Sojaprodukte zu jeder Mahlzeit). Selbst vom grünen Blattgemüse sollten wir nicht jeden Tag dieselbe Sorte essen. Die Natur hat die meisten Blattgemüse mit ganz geringen Mengen an Giftstoffen ausgestattet, um die Insekten davon abzuhalten, die gesamte Pflanze zu verspeisen. Wenn wir also über Wochen und Monate immer das genau gleiche Blattgemüse essen, summiert sich dieser Giftstoff und tut uns nicht gut.

Zu viel vom selben Lebensmittel zu essen kann Allergien auslösen. Für eine Wette aß ein Mann 24 rohe Eier. Seitdem ist er hochgradig allergisch gegen Hühnereiweiß.

Also sei wagemutig und bring vom nächsten Einkauf etwas mit nach Hause, das du noch nie ausprobiert hast. Wenn nur alle Abenteuer so gesund und gut bekömmlich wären.

MASSHALTEN IST SEXY

Nicht nur, was wir essen, sondern auch wie und in welcher Menge wir es tun, macht einen Unterschied für unsere Gesundheit. Wenn wir essen, dann dauert es ca. 30 Minuten, bis unser Gehirn das Signal erhält, dass wir satt sind. Wenn wir in diesen 30 Minuten weit über unsere Kapazitäten gegessen haben, dann waren wir schneller als dieser Mechanismus. Das sorgt nicht nur dafür, dass wir uns schwer und müde fühlen, sondern macht auch unserem Körper zu schaffen. Untersuchungen haben gezeigt, dass sich Entzündungsmarker in unserem Blut reduzieren, wenn wir 20 bis 30 % weniger Kalorien zu uns nehmen.

Das einzige Hilfsmittel: langsam essen. Das hat schon unsere Oma gesagt, und sie hatte recht. Wenn wir langsam essen und gut kauen, hat unser Körper mehr Zeit, um zu registrieren, dass er satt ist; außerdem kann unser gut gekautes Essen auch viel schneller verdaut werden. Das wiederum hat den Vorteil, dass wertvolle Nährstoffe schneller ins Blut gelangen und unsere Nahrung schneller in Energie umgewandelt wird.

Eine weitere gute Methode, die Kalorienzufuhr einzuschränken und dennoch satt zu werden: Beziehe die ANDI-Liste von Dr. Fuhrman in deine Essensplanung ein (siehe ***Seite 83****). In der Liste findest du die Nahrungsmittel, die im Verhältnis zu ihren Kalorien die meisten guten Nährstoffe enthalten.*

ACTION STEPS

STELLE EINEN WOCHENPLAN AUF

Wenn du dich natürlich ernähren willst, musst du ein bisschen planen, sonst gehen all deine guten Vorsätze bei der nächsten Gelegenheit den Bach runter. Wir alle haben einen ausgefüllten Alltag, und unsere Ernährung ist oft der erste Bereich, den wir vernachlässigen, wenn es stressig wird. Ich kenne die Situation genauso gut wie du: Du hast bis um 20 Uhr gearbeitet, dann kommst du nach Hause und willst sofort etwas essen und dich aufs Sofa legen. Also entscheidest du, nicht mehr zu kochen, sondern lieber eine Tiefkühlpizza in den Ofen zu schieben oder eine Packung Chips zu öffnen.

Je voller dein Alltag ist, desto wichtiger ist es daher, dass du dir mindestens einmal pro Woche Zeit nimmst – zum Beispiel am frühen Sonntagabend –, um einen groben Speiseplan für die Woche zu machen. Dann schreibst du dir eine Einkaufsliste, die alle benötigten Lebensmittel enthält, und kaufst diese am Montag nach der Arbeit ein. Um unter der Woche Zeit zu sparen, bereitest du am besten schon ein paar Basics zu, beispielsweise eine größere Portion Quinoa als Grundlage für Salate oder als warme Beilage zu Currys. Koche eine Suppe, die du über mehrere Tage essen kannst, oder portioniere die Zutaten für deinen Frühstücks-Smoothie und friere sie ein. Je leichter du es dir machst, dich trotz eines vollen Terminkalenders gut zu ernähren, desto erfolgreicher wirst du dabei sein. Mehr Inspirationen und Vorschläge für einen Wochenplan findest du auf **Seite 262**.

MACHE DEINER FAMILIE GEMÜSE SCHMACKHAFT

Es gibt immer Familienmitglieder oder Partner, die nicht gerade Luftsprünge machen, wenn du ihnen »natürliches« und »vorwiegend pflanzliches« Essen servierst. Viele meiner Freundinnen erzählen zum Beispiel, dass ihre Kinder kein Gemüse anrühren. In solchen Fällen hilft Folgendes:

MACHE ES INKOGNITO: »Verstecke« das Gemüse. Rühre zum Beispiel einen Schokosmoothie mit Banane an und mixe Spinatblätter darunter. Rohes Schokoladenpulver eignet sich generell gut, um Gemüse zu verstecken. Oder püriere Zucchini und nutze sie für deinen nächsten Kuchenguss (siehe Rezept auf **Seite 230**).

NUTZE SPECIAL EFFECTS: Verbessere den Gemüsegeschmack durch Rösten im Ofen, dadurch kommt die Süße des Gemüses stärker zum Tragen. Achte auf ein ausgewogenes Verhältnis zwischen Süße, Säure und Salzigem. Ich füge zum Beispiel den meisten meiner salzigen Gerichte etwas Süße und Säure hinzu und meinen süßen Gerichten etwas Salz. Das erzeugt einen echten Geschmacks-Kick.

TU SO ALS OB: Finde Wege, wie du die Leibgerichte deiner Liebsten ohne Geschmacksverlust gesünder zubereiten kannst. Zum Beispiel Pommes aus dem Ofen statt aus der Fritteuse mit selbstgemachtem Ketchup (siehe Rezept auf **Seite 215**) oder eine Pastasauce, die wunderbar cremig ist durch die Zugabe von Kürbis (siehe Rezept auf **Seite 210**).

LIEBE DICH SELBST

Warum Selbstliebe deine magische Zutat ist.

Gute Ernährung ist eine wunderbare Grundlage für einen gesunden Körper und einen klaren Geist. Doch seien wir ehrlich: Sie ist nicht alles. Wenn dem so wäre, gäbe es keine Hundertjährigen, die bis zu ihrem Totenbett rauchen, trinken und ungesund essen. Da muss noch etwas anderes sein, was unser Wohlbefinden beeinflusst. Schließlich nähren wir uns ja nicht nur mit Lebensmitteln. Wir nähren uns auch mit unseren Gedanken, mit unseren Beziehungen und mit Situationen, in die wir uns bringen. Letztlich spiegeln alle Bereiche unseres Lebens nur eines wider: unsere Beziehung zu uns selbst. Und du und ich, wir entscheiden darüber, ob es eine Liebesbeziehung mit Happy End oder ein Drama mit endlosen Konflikten wird.

»Ich denke, dass das Wichtigste im Leben Selbstliebe ist. Wenn du dich nicht selbst liebst und deinen Körper und deine Seele nicht respektierst – wie kannst du dann eine authentische Beziehung mit einem anderen haben?«

Shailene Woodley, Schauspielerin

Selbstliebe bedeutet für mich, dass du zum besten Freund deines Selbst wirst und alle guten Eigenschaften entwickelst, die du von einem guten Freund erwartest:

- Er ist immer für dich da, wenn du ihn brauchst.
- Er mag dich so, wie du bist.
- Er baut dich auf, wenn es dir schlechtgeht.
- Er ist immer für einen Spaß zu haben.
- Er versteht dich.
- Er verzeiht dir deine Fehler.
- Er geht mit dir durch dick und dünn.
- Er kennt deine heimlichen Wünsche und Sehnsüchte und hilft dir, sie zu erfüllen.

Wäre es nicht schön, so einen Menschen immer an deiner Seite zu haben? Die Frage ist nur, was dich überhaupt daran hindert, dein eigener bester Freund zu sein. Meiner Meinung nach gibt es dafür nur drei Gründe:

1. Dir ist es wichtiger, von anderen geliebt zu werden als von dir selbst.
2. Du bist es gewohnt, dich ständig zu kritisieren.
3. Du hast übertrieben hohe Ansprüche an dich.

In einer Studie der Yale-Universität von 1987 fanden Wissenschaftler heraus, dass Menschen, die sich geliebt und geborgen fühlen, ein deutlich geringeres Risiko haben, an Arteriosklerose (Verstopfung der Arterien) zu erkranken. Arteriosklerose ist eine der häufigsten Erkrankungen der westlichen Welt.

1. DIR IST ES WICHTIGER, VON ANDEREN GELIEBT ZU WERDEN ALS VON DIR SELBST.

Mir war es lange Zeit wichtiger, von anderen geliebt zu werden als von mir selbst. Ich litt am »Gute-Mädchen-Syndrom« (das männliche Äquivalent gibt es natürlich auch). Du kennst die Mädels: Sie wollen es allen recht machen, nur nicht sich selbst. Ich wollte um jeden Preis dem schlechten

»Wenn du zu anderen ja sagst, solltest du dir sicher sein, dass du damit nicht nein zu dir selbst sagst.«

Paulo Coelho, Autor

Gefühl entgehen, jemanden zu enttäuschen. Ich wusste nur nicht, dass der Preis wirklich hoch war. Zu hoch jedenfalls, um ihn auf Dauer zu zahlen. Meine Kompromisse mit Situationen, die mir eigentlich nicht gefielen, gingen immer eine Weile gut. Doch irgendwann gab es einen Punkt, der das Ganze zum Explodieren brachte, und dann blieb da ein Scherbenhaufen zurück, der wahrscheinlich kleiner gewesen wäre, hätte ich sofort den Mund aufgemacht.

Es ist für viele von uns schwer, Entscheidungen zu treffen, die andere enttäuschen könnten, oder einfach nein zu sagen. Doch die Wahrheit ist, dass es zu einem selbstbestimmten und glücklichen Leben dazugehört, andere hin und wieder zu enttäuschen. Und je klarer und einfacher wir ein »Nein« formulieren, desto leichter fällt es auch den anderen, damit umzugehen. Eine gute Faustregel: Ist es kein klares Ja, ist es ein Nein. Wenn du jemand bist, dem Neinsagen schwerfällt, dann spiele auf Zeit. Mach es dir zur Gewohnheit, nicht mehr sofort ja zu sagen, wenn dich jemand um etwas bittet. Bitte um eine kurze Bedenkzeit und melde dich später oder – noch besser – am nächsten Tag und gib eine klare und freundliche Antwort. Erkläre nicht zu viel, wenn du absagst, sondern halte es kurz und einfach.

Freundlich nein zu sagen ohne große Erklärungen ist eine Kunst, die wir alle perfektionieren sollten.

2. DU BIST ES GEWOHNT, DICH STÄNDIG ZU KRITISIEREN.

Hast du gelernt, dich nie zufriedenzugeben, weil Unzufriedenheit die beste Triebfeder für Entwicklung ist? Weil Strenge und Kritik den stärksten Antrieb bilden, dich zu verändern? Glaubst du dann auch, dass man Kinder schlagen sollte, damit sie besser lernen? Bestimmt nicht. Und doch scheint unser innerer Kritiker aus einer ähnlichen Schule zu kommen. Selbst wenn wir äußerlich ganz modern und lässig wirken, gleicht die Stimme unseres inneren Kritikers oft einem alten, knochigen Lehrmeister, der uns wegen der kleinsten Vergehen mit dem Rohrstock auf die Finger klopft.

Wenn du dich selbst liebevoller behandeln willst, musst du zuerst deinen inneren Kritiker ausfindig machen und lernen, mit ihm umzugehen. Sonst wird er dich unbewusst weiter kleinhalten und dich bei jeder Gelegenheit runterputzen. Dafür benötigst du nichts weiter als Aufmerksamkeit. Beim nächsten Mal, wenn etwas schiefläuft oder du einen Fehler gemacht hast, horche auf, wenn dein innerer Kritiker anfängt, dich zu beschimpfen, und unterbrich ihn. Sag: »Danke für deinen Beitrag, aber es ist alles in Ordnung.

Ich komme gut ohne dich klar.« Das ist der einfachste und schnellste Weg zu mehr Selbstliebe: Hör auf, dich zu kritisieren.

Falls du Angst hast, dass Selbstliebe womöglich deine Entwicklung beeinträchtigt, dann mach dir klar: Es gibt immer zwei Möglichkeiten, wie man sich weiterentwickeln kann. Zum einen auf die harte Tour, zum anderen auf die weiche. Das Ergebnis mag dasselbe sein, aber der Weg dorthin ist sehr unterschiedlich. Stell dir vor, du hast einen Hund und möchtest, dass er lernt, auf Kommando zu sitzen. Die harte Tour wäre, den Hund so lange anzuschreien und einzuschüchtern, bis er versteht, dass er sich setzen soll. Die weiche Tour ist, ihm über deine Körpersprache, deine Stimme und eine sanfte Berührung zu zeigen, was du von ihm willst, und ihn mit einem Keks zu belohnen, wenn er es tut. Das Ergebnis ist das gleiche, nur der Weg dorthin war einmal angsterfüllt und unangenehm und einmal liebevoll und lecker. Was ziehst du vor?

»Du hast dich jahrelang kritisiert, und es hat nicht geholfen. Versuche mal, dich so zu akzeptieren, wie du bist, und beobachte, was passiert.«

Louise Hay, Autorin

3. DU HAST ÜBERTRIEBEN HOHE ANSPRÜCHE AN DICH.

Ist deine Selbstliebe an Bedingungen geknüpft? Hast du dir deine Liebe schon mal vorenthalten, weil du dich zu dick fandest oder zu dünn, zu doof, zu unsicher, zu unglücklich oder zu hässlich? So funktioniert Liebe aber nicht. Und das weißt du ganz genau. Überleg mal, was du dir von deinem (potenziellen oder vorhandenen) Partner wünschst: dass er dich genau so liebt, wie du bist. Oder fändest du es in Ordnung, wenn er dir morgens vor dem Frühstück verkündet: »Wenn du fünf Kilo abgenommen hast, liebe ich dich noch mehr«, oder dir abends ins Ohr flüstert: »Ohne deine krumme Nase wärst du echt der Hammer«?

Anstatt deine Mängel aufzuzählen, solltest du deine Qualitäten feiern. Schreibe eine Liste mit der Überschrift »Was ich an mir mag« und schreibe alles auf, was dir einfällt. Lege die Liste in eine Schublade, hole sie ab und zu raus und füge weitere Punkte hinzu.

Bestimmt findest du Eigenschaften und körperliche Merkmale an dir, die dir nicht gefallen. Manche davon kannst du ändern, mit anderen musst du Frieden schließen. Doch nichts davon ist Grund genug, dich nicht zu lieben. Ich bin mir sicher, du wirst dich später ärgern, wenn du heute deine Zeit damit vertust, unzufrieden mit dir zu sein, anstatt einfach Spaß zu haben. Eine alte Dame hat mir mal erzählt, dass sie als junge Frau ständig unzufrieden mit sich selbst war und immer Hosen trug, um ihre »dicken« Beine zu verstecken. Jetzt, als alte Frau, schaut sie sich oft Bilder von damals an und trauert um die hübsche junge Frau, die sie damals war, die sich immer verstecken wollte und niemals kurze Kleider trug, wo sie doch so schöne Beine hatte ...

WARUM WIR UMDENKEN MÜSSEN

Wir alle sind geprägt von dem, was wir als Kinder gelernt haben. Mama und Papa haben uns gesagt, dass wir nicht eingebildet und hochnäsig sein und nicht so selbstverliebt tun sollen. Lieber sollen wir uneigennützig und selbstlos sein. Solche Prägungen sitzen meist tief und sind zu unseren Überzeugungen geworden. Deshalb beschleicht uns schnell ein ungutes Gefühl bei dem Gedanken an Selbstliebe. Wenn ich mich selbst liebe, bin ich dann nicht selbstverliebt/egoistisch/narzisstisch/arrogant? Was ist mit der Selbstlosigkeit? Ist sie nicht der Schlüssel zum Glück? Wo aber bist DU, wenn du »selbst los« bist? Und wer hat dann noch was von dir?

»Wenn sich Selbstliebe epidemieartig ausbreiten könnte, würden unsere Gesundheitskosten dramatisch sinken.«

Dr. Christiane Northrup, Ärztin und Autorin

Nicht umsonst lautet die Durchsage im Flugzeug, dass du im Notfall zuerst dir selbst die Atemmaske aufziehen sollst und erst dann den anderen. Sie sagt nicht: »Helfen Sie zuerst allen anderen, bis sie selbst keine Luft mehr bekommen.« Achtung, wichtige Durchsage: Selbstliebe hat absolut nichts mit Arroganz und Hochnäsigkeit zu tun. Wenn du dich nämlich zuerst gut um dich selbst kümmerst, dann erweist du nicht nur dir selbst, sondern allen um dich herum einen großen Dienst. Stell dir vor, du musst operiert werden. Würdest du lieber von einem Arzt behandelt werden, der ausgeruht und klar ist, oder von einem, der seit drei Tagen durchgearbeitet hat und tiefe Schatten unter den Augen hat? Eben. Und genau so ist es auch im privaten oder beruflichen Bereich. Dein Partner, deine Kinder, deine Freunde, dein Chef, deine Kollegen und deine Kunden profitieren auf lange Sicht viel mehr von dir, wenn du gut zu dir bist und ihnen hin und wieder klare Grenzen setzt, denn ein Nein zu anderen ist ganz oft ein Ja zu dir selbst.

»Ich glaube, dass das größte Geschenk, das du deiner Familie und der Welt machen kannst, ein gesundes Du ist.«

Joyce Meyer

SELBSTLIEBE UND FACEBOOK-NEID

Stehst du manchmal vor dem Spiegel und schüttelst nur müde den Kopf angesichts schlaffer Haut oder ein paar Falten im Dekolleté? Ich muss dich warnen: Wenn du mit diesem Buch fertig bist, wirst du das nicht mehr tun. Zumindest hoffe ich das. Du bist doch was Besonderes, oder etwa nicht? Dann sei auch anders als die anderen, sonst bist du nur ein Fall für die Statistik. Und diese sagt, dass die Hälfte aller Frauen und fast ebenso viele Männer unzufrieden mit ihrem Körper sind. Und warum ist das so? Das kommt nicht etwa daher, dass wir uns mit Models und Schauspielern aus Fernsehen und Zeitschriften vergleichen, wie Experten immer angenommen hatten. Da sind wir viel abgeklärter. Wir wissen, wie viel Aufwand (und Photoshop-Retusche) betrieben wird, damit Stars aussehen wie Stars. Und die Models bemitleiden wir doch mittlerweile, oder nicht? Die armen

Dinger, so ganz ohne Fleisch auf den Rippen ... Nein, Models und Stars haben nichts mit unserer Unzufriedenheit zu tun. Facebook ist schuld. Dort vergleichen wir uns mit unseren Freunden, Freundesfreunden und Freundesfreundesfreunden. Die sehen immer gut aus, sind immer happy, haben gutaussehende Partner und machen aufregende Dinge. Facebook ist das Zuhause der Selfies, dieser Kunstform, die das Selbst immer möglichst perfekt in Szene setzt. Pickelfrei, faltenfrei, unglücksfrei. Bestimmt kennst du diese Facebook-Momente des Lebens. Du sitzt an einem tollen Strand mit einem tollen Menschen und denkst: Wenn mich jetzt bloß die anderen sehen könnten! Vor 20 Jahren blieb es bei dem frommen Wunsch, aber heute zücken wir das Smartphone, und schon sehen uns alle. Hach. Und werden blass vor Neid. So können wir den Sonnenuntergang gleich viel besser genießen. Denn wenn andere uns beneiden, ist das toll. Wenn wir aber auf der anderen Seite des Computers sitzen, fühlt sich das weniger gut an. Unser Neid zwickt uns in die Seite und raunt uns zu: Die hat was, was ich nicht habe.

DEIN NEID IST DEIN LEHRER

Neid ist eigentlich eine tolle Sache. Du musst nur anders mit ihm umgehen. Anstatt mit hängenden Mundwinkeln auf den Bildschirm zu starren, kannst du den Neid fragen, was er dir sagen will. Neid führt dir nämlich ganz schamlos deine Sehnsüchte vor Augen. Wenn du das einmal verstanden hast, kannst du in aller Seelenruhe neidisch sein, denn es ist ja zu deinem Besten.

Sagen wir, du beneidest jemanden um seinen tollen Körper. An dem Punkt bleiben dic meisten Leute hängen und ärgern sich über ihren eigenen Hüftspeck. Du aber nicht. Du schaust genauer hin und fragst dich, was dir an diesem Körper so gut gefällt. Dass er sportlich wirkt? Oder weiblich/männlich? Gefällt dir seine Vitalität? Magst du seine sanften Formen? Je genauer du definierst, was du am anderen beneidest, desto genauer weißt du, was du dir insgeheim wünschst. Es gibt keine bessere Methode. Und je besser du weißt, was du willst, desto einfacher kannst du es bekommen. Vielleicht heißt das, dass du dich dazu entschließt, fünf Kilo abzunehmen. Oder dass es dir gar nicht ums Gewicht geht, sondern um ein gutes Körpergefühl. Es ist schön, wenn du genau weißt, was du willst. Schalte dein Kopfkino an und sieh vor deinem geistigen Auge die Realisierung deiner Wünsche. Dann spüre, wie es sich anfühlt, rieche es, schmecke es. Je plastischer du dir die gewünschte Situation vorstellen kannst, desto wahrscheinlicher ist es, dass sie bald Wirklichkeit wird. Das ist ein

Wenn du dir deine Wünsche plastisch vorstellen kannst, hast du bereits den ersten Schritt in Richtung ihrer Erfüllung getan.

schöpferisches Naturgesetz: Zuerst kommt der Gedanke, dann das Gefühl und schließlich die Realisierung.

FOLGE DEINEM GLÜCK

Lange bevor ich dieses Buch schrieb, spürte ich jedes Mal einen Stich, wenn ich erfuhr, dass jemand aus dem Bekanntenkreis ein Buch veröffentlicht oder einen Buchvertrag unterschrieben hatte. In Wahrheit war das meine Sehnsucht, die mir sagte: Hey, das wäre doch was für dich. Die Stichelei ging so lange weiter, bis ich ihr irgendwann nachgab, mich hinsetzte und anfing zu schreiben.

»Sich gut zu fühlen ist die ultimative Manifestation.«

Esther und Abraham Hicks, spirituelle Lehrer

Ich glaube, dass unser Glück und unsere Sehnsüchte uns so lange verfolgen, bis wir schließlich ihnen folgen. Und am Ende ist es wirklich einfacher, nachzugeben. Das muss nicht gleich bedeuten, dass wir ein Buch schreiben. Es sind oft die kleinen Dinge, die uns guttun und in denen wir ganz aufgehen. Für mich ist das auch, in der Küche zu stehen und zu kochen. Oder in der Sonne zu sitzen mit einer dampfenden Tasse Tee in der Hand. Das sind zeitlose Momente, die sich einfach gut anfühlen. Und so banal diese Momente vielleicht scheinen, in der Summe sind sie verantwortlich für unser Wohlbefinden. Je stärker wir nämlich eins mit uns sind, desto besser fühlen wir uns und desto problemloser funktioniert auch unser Körper.

WER GLÜCKLICH IST, ISST BESSER

Wer sich schlecht fühlt, kann sich nicht gesund ernähren. Wenn du dich mies fühlst und dann zum Kühlschrank gehst, suchst du dir irgendetwas aus, das deine Stimmung kurzzeitig hebt, zum Beispiel etwas stark Zucker-, Fett- oder Koffeinhaltiges. Günstiger wäre es, du würdest in diesem Moment gar nichts essen, sondern überlegen, was du sonst tun kannst, um dich wohler zu fühlen. Das kann ein Spaziergang sein, ein Telefonat, Musik hören oder ein paar tiefe Atemzüge nehmen. Sobald du gute Laune hast, fällt es dir viel einfacher, Lebensmittel auszuwählen, die deine Energie unterstützen, denn du nimmst es nicht mehr hin, dass Essen dich müde, matt oder übellaunig macht. So weißt du, dass es Liebe ist: Dein Glück hat immer Vorfahrt, und es steht eine gesunde Mahlzeit auf dem Tisch.

Wir benutzen Essen häufig für andere Zwecke, als Körper und Seele zu nähren: als Trost, gegen Frust, zur Bekämpfung von Langeweile oder als Belohnung.
Wenn du das nächste Mal automatisch zum Schokoriegel greifen willst, überlege kurz, ob es wirklich das ist, was du gerade brauchst.

ACTION STEPS

DER BLICK IN DEN SPIEGEL

Du musst nicht darauf warten, bis die äußeren Umstände es dir erlauben, dich so anzunehmen, wie du bist. Nimm einfach die Abkürzung und gib dir heute das positive Feedback, nach dem du dich in Wahrheit sehnst. Die amerikanische Lehrerin Louise Hay hat hierfür eine ganz einfache Methode entwickelt: Wann immer du in den Spiegel blickst, sieh dir in die Augen und sage laut oder leise: »Ich liebe dich genau so, wie du bist.«

Es macht nichts, wenn du dir dabei blöd vorkommst oder dir anfangs selbst nicht glaubst. Mein Yogalehrer sagte immer: »Fake it and you will make it.« Tu so als ob, und es wird deine Realität. Wenn du dann in der Zwischenzeit noch aufhörst, dich zu kritisieren, folgt dir das Glück auf dem Fuß. Garantiert.

SCHREIBE EINE SPASSLISTE

Selbstliebe bedeutet, Dinge zu tun, die dir Spaß machen. Nimm dir einen Moment Zeit und schreib auf, was du gerne tust. Lass nach jedem Punkt etwas Platz. Notiere auch Dinge, die du früher gern getan hast, zum Beispiel als Kind oder Jugendlicher. Und dann vermerke, was du noch nie getan hast, aber gerne einmal ausprobieren würdest. Dann schreibe hinter jeden Punkt, ob und wie du ihn in dein Leben integrieren könntest. Ein paar Dinge stechen vielleicht besonders heraus. Kümmere dich zuerst um diese und überlege je nach Größe der Idee, welche Schritte für ihre Realisierung du jetzt machen kannst. Hänge die Liste irgendwo auf, wo du sie gut sehen kannst. So nimmst du deine Wünsche ernst. Doch aus Ernst wird erst Spaß, wenn du sie auch umsetzt. Also, worauf wartest du?

SEI GUT ZU DEINEM ZUKÜNFTIGEN ICH

Was kannst du heute tun, damit es dir morgen gutgeht? Selbstliebe ist nicht nur wie ein guter Freund, sondern auch wie eine umsorgende Mutter, die heute schon weiß, was du morgen brauchst. Du hast morgen einen stressigen Tag und kaum Zeit zum Essen? Dann koche dir heute Abend schon eine Suppe, die du morgen schnell aufwärmen kannst, wenn du hungrig nach Hause kommst. Du schläfst morgens gerne so lang wie möglich? Dann schneide dein Obst und Gemüse für deinen Frühstücks-Smoothie schon heute, damit er morgen in drei Minuten fertig ist. Je besser du für dein zukünftiges Ich sorgst, desto leichter wird es dir fallen, deine gesunde Lebensweise beizubehalten, auch wenn das Leben manchmal stressiger ist. Also überleg dir heute, was du morgen brauchen könntest, und sei gut zu dir.

SEI NICHT SAUER

Halte dein Säure-Basen-Gleichgewicht in der Balance.

Wir alle mögen hin und wieder ein wenig Dramatik im Leben. Ich bin in der Regel ein ausgeglichener Mensch, aber es gab schon Tage, da habe ich Tassen an die Wand geschmissen, habe in Restaurants geweint oder Türen geknallt. Auch wenn ich ein Buch lese oder einen Film sehe, entscheidet die Spannung darüber, ob ich bis zum Ende dabeibleibe oder mittendrin einschlafe. Wenn die Dramen allerdings überhandnehmen, ist das ganz schön anstrengend. Und nichts, was du oder ich über lange Zeit gern erleben möchten. Tatsächlich gibt es Dramen in unserem Leben, von denen wir erst mal gar nichts mitbekommen. Es gibt kein Geschrei, es zerbrechen keine Teller, und Türen werden auch nicht geknallt. Wenn diese Dramen eine Weile anhalten, spüren wir sie aber. Und dann fühlt sich das genauso an, wie wenn wir tagelang gestritten, geschrien und geweint hätten: Wir sind müde, haben Kopfschmerzen, unser Immunsystem ist geschwächt, und unsere Haut juckt. Kurzum: Wir fühlen uns unwohl. Hält der Zustand länger an, dann können aus den Beschwerden Krankheiten werden wie Rheuma, Herzerkrankungen und Geschwüre bis hin zu Krebs.

Das Drama, über das wir sprechen, ist eine Übersäuerung unserer Zellen. Alle Zellen unseres Körpers haben einen bestimmten pH-Wert, der zumeist im leicht basischen Bereich liegt. Der wichtigste Wert dabei ist der unseres Blutes, der immer konstant (leicht basisch) sein muss, damit wir gesund und am Leben bleiben. Alles, was wir essen und trinken, wirkt sich entweder basisch, neutral oder sauer auf unseren Körper aus. Glücklicherweise kann unser Körper einiges ab, sonst würden wir schon nach einem einzigen Glas Cola ins Koma fallen. Im Chemieunterricht gibt es dazu ein paar sehr plastische Versuche: Dabei werden rostige Nägel, in Cola eingelegt, wieder blank, und glatte Eierschalen (die wie unsere Zähne hauptsächlich aus Kalzium bestehen) ganz rauh.

»Von allen Zusammensetzungen unserer Körpersäfte wirkt sich Säure zweifellos am schädlichsten aus.«

Hippokrates, Arzt um 400 v. Chr.

WIE WAR DAS NOCH MAL MIT DEM PH-WERT?

Man kann pH mit »Wirksamkeit des Wasserstoffs« umschreiben; der Wert gibt auf einer Skala von 1 (sehr sauer) bis 14 (sehr basisch) an, wie sauer oder basisch eine wässrige Lösung ist. Der neutrale Wert liegt bei 7. Da Säure unter anderem über die Nieren ausgeschieden wird, kannst du zum Beispiel mit einem Teststreifen aus der Apotheke messen, wie sauer oder basisch dein Urin ist, und damit Rückschlüsse auf das Säureniveau deines Körpers ziehen. Ganz wichtig zu wissen ist, dass das Niveau von Base und Säure in deinem Urin den Tag über schwankt, und das muss auch so sein. Nach dem Aufstehen ist der Urin in der Regel sauer, weil der Körper in der Nacht überschüssige Säure verarbeitet und in die Blase zum Ausscheiden geleitet hat. Im Verlauf des Tages sollte der Wert dann etwas ober- und unterhalb des neutralen Werts liegen und dann kurz vor dem Zubettgehen wieder etwas saurer werden. Wenn du eine realistische Einschätzung über dein Säure-Basen-Gleichgewicht bekommen möchtest, solltest du also mehrere Male pro Tag messen.

ZU VIEL SÄURE »LAUGT UNS AUS«

Das Wort »auslaugen« ist wirklich sehr passend: Basen sind schließlich Laugen, und wenn wir zu viel Lauge verlieren, fühlen wir uns im wahrsten Sinne des Wortes ausgelaugt.

Unser Körper fühlt sich in einem leicht basischen Milieu am wohlsten. Allerdings produzieren die meisten unserer »ganz normalen« Stoffwechselvorgänge Säure. Dann kommt noch unsere westliche Ernährung dazu, die extrem säurebetont ist, und die Balance ist dahin. Alle Lebensmittel und Getränke, die Zucker, Weißmehl, tierisches Eiweiß, Koffein, Kohlensäure, Alkohol und Süßstoffe beinhalten, wirken sauer auf unseren Organismus. Um sich selbst vor Schäden zu schützen, verwendet unser Körper basische Mineralstoffe aus seinen Depots und neutralisiert damit die Säure. Das sind zum Beispiel Kalzium, Magnesium und Kalium. Man muss sich das vorstellen wie bei einem brennenden Haus. Die Säuren sind das Feuer, und der Körper rennt mit seinem Mineralien-Feuerwehrschlauch treppauf und treppab und tut sein Bestes, um so viele Brandherde wie möglich zu löschen. Je mehr Säure »gelöscht« werden muss, desto mehr Mineralien werden verbraucht. Nur haben wir leider keinen eingebauten Mineralstoff-Hahn, den wir einfach auf- und zudrehen können. Deshalb geraten wir in ein Defizit, wenn wir ständig mehr Mineralien verbrauchen, als wir über unsere Nahrung aufnehmen. Das ist nicht nur deshalb schlecht, weil unser Körper dann nicht mehr mit der Säure fertig wird, sondern in der Not anfängt, Mineralien aus unseren Knochen, Zähnen und Organen zu ziehen. Dic Folge: Wir bekommen dort Probleme, wo Stoffe entzogen wurden. Unsere Zähne leiden unter Karies, unsere Knochen werden porös, unsere Haare fallen aus, unsere Haut wird faltig, und unser Immunsystem ist geschwächt. Fazit: Mist.

Wenn unser Blut mit dem Neutralisieren der Säure nicht mehr klarkommt, gibt es diesen Job an unser Lymphsystem weiter. Das Lymphsystem wiederum macht das, was es immer macht, wenn es aufräumt: Es gibt die Säure zurück ins Blut. Einer reicht also die Säure an den anderen weiter, und währenddessen ist unser Körper weiterhin im Stress. Die Säure setzt sich jetzt im Bindegewebe ab, führt zu Irritationen und Entzündungen und macht uns anfällig für Bakterien, Viren und Pilze. Gleichzeitig wird unser Alterungsprozess weiter beschleunigt, da alle Stoffwechselvorgänge verlangsamt werden.

BASISCH ODER SÄUREBILDEND?

Die größten Säurebildner unserer Nahrung sind Fleisch, Wurst, Kuhmilchprodukte, Eier, Zuchtfisch, Meeresfrüchte, Essig (außer Apfelessig), Zucker, Kaffee, schwarzer Tee, Alkohol, Weizenmehl und kohlensäurehaltige Getränke. Diese Lebensmittel sollten wir am besten nur in Maßen zu uns nehmen und immer mit einem großen Anteil basischer Lebensmittel wie den folgenden kombinieren:

Um ausreichend basisch zu essen, halte ich mich an die Faustregel, dass meine Ernährung über den Tag gesehen aus mindestens 60 % Gemüse bestehen sollte. Wenn du dir dieses Verhältnis mit Hilfe eines Tellers vor Augen führst, dann sollte er immer zu mehr als der Hälfte mit Gemüse gefüllt sein. Der Rest besteht aus Obst, Vollkornprodukten, Nüssen und Samen, Hülsenfrüchten und je nach Ernährung einem Stückchen Fisch, Fleisch oder einem Ei, einem Milchprodukt oder einem natürlich gesüßten Gebäck.

BESONDERS BASISCHE LEBENSMITTEL

Apfelessig, Adzukibohnen, Brokkoli, Chicorée, Fenchel, Weizengras, Gerstengras usw., Grünkohl, Gurke, Himalajasalz, rohe Mandeln, Mangold, Algen wie Nori, Wakame, Chlorella und Spirulina etc., unraffiniertes Meersalz, Petersilie, Spinat, Sprossen.

SEHR BASISCHE LEBENSMITTEL

Aubergine, Avocado, Basilikum, Bienenpollen, Chia-Samen, Endiviensalat, Feige, Frühlingszwiebeln, grüne Bohnen, Ingwer, Knoblauch, Kohl, Kopfsalat, Koriander, Limabohnen, Limette, Okraschoten, Pak Choi, Paprika, Quinoa, Rauke, Rettich, Rote Bete, Schnittlauch, Stangensellerie, Tomate, Topinambur, weiße Bohnen, Zitrone, Zwiebeln.

BASISCHE LEBENSMITTEL

Artischocke, Avocadoöl, Blumenkohl, Brunnenkresse, Buchweizen, Cashewkerne, dicke Bohnen, Erbsen, Granatapfel, Grapefruit, Karotten, Kastanien, Kokosfett, Kokosmilch, Kräuter und Gewürze wie Thymian, Minze, Ingwer und Kreuzkümmel, Kürbis, Lauch, Leinöl, Linsen, Mandelmilch, neue Kartoffeln, Olivenöl, Rhabarber, Rosenkohl, Spargel, Steckrübe, Süßkartoffel, Tofu, Ziegenmilch, Zucchini.

LEICHT BASISCHE LEBENSMITTEL

Birne, Buchweizenmehl, Cantaloupe-Melone, Couscous, Dinkel, Fisch aus Wildfang, frische Datteln, Gerstengraupen, Hafer, Haselnüsse, Hirse, Kartoffeln, Nektarine, Paranüsse, Pekannüsse, Pflaume, Pilze, Pinienkerne, Pistazien, Popcorn, Reneklode, Reismilch, schwarze Bohnen, Sojabohnen, Sojamilch, Sonnenblumenöl, Süßkirschen, Traubenkernöl, Vollkornreis, Wassermelone, Zuckerschoten.

Die Einteilung der Lebensmittel in basische Kategorien erfolgte auf Grundlage biochemischer Tests in verdautem Zustand. Sie beruht auf einer Liste des Buches »Vegetarisch, basisch, gut für jeden Tag« von den Autorinnen Natasha Corrett und Vicky Edgson.

WÄHLE GRÜN

Wenn du mehr über die Wirkung grüner Smoothies erfahren möchtest, dann lies den Klassiker »Green for Life« von Victoria Boutenko. Es ist zwar ein Sachbuch, aber so interessant geschrieben, dass ich es in einem Stück verschlungen habe.

Ich liebe effektive Maßnahmen. Sie kommen mir fast wie Schummeln vor, weil sie mit wenig Aufwand so viel bewirken. Eine solche Maßnahme ist es, wenn du viel grünes Blattgemüse isst, da es einerseits extrem basisch wirkt und andererseits zu den Lebensmitteln zählt, die im Verhältnis zu ihren Kalorien am meisten Mikronährstoffe beinhalten (siehe ANDI-Liste auf **Seite 83**). Eine der besten und leckersten Arten, grünes Blattgemüse, wie beispielsweise Spinat, grünen Salat, Brennnessel oder Grünkohl, zu dir zu nehmen, ist, daraus einen grünen Smoothie zu machen. Grüne Smoothies sind seit einiger Zeit in aller Munde, und das ist auch gut so. Ihre stark zerkleinerte Struktur macht es unserem Körper einfach, die vielen guten Nährstoffe direkt ins Blut aufzunehmen, ohne lange Zeit in Magen und Darm auf ihre Zerkleinerung und Verdauung zu warten (zumindest wenn wir den Smoothie vor den Mahlzeiten trinken). Dadurch haben wir direkten Zugriff auf die Energie, die in den Blättern steckt. Da außerdem eine Menge Ballaststoffe im grünen Smoothie enthalten sind, fungiert er als Schwamm, der Giftstoffe und Stoffwechselabfall aufsaugt und aus dem Körper hinausbefördert. Er wirkt daher basisch und entgiftend, füttert unsere Zellen mit Mikronährstoffen und Antioxidantien und stärkt unser Immunsystem. Wenn du mich also nach einer einzigen Methode fragen würdest, um deine Gesundheit zu verbessern, würde ich ohne zu zögern antworten: Starte jeden Tag mit einem grünen Smoothie. (Das Rezept für meinen liebsten grünen Smoothie findest du auf **Seite 114**).

LASS ES FLUTSCHEN

Achte auf die Qualität deines Wassers und nutze entweder stilles Wasser aus Glasflaschen oder besorge dir einen Wasserfilter. Ich benutze zudem gerne Halbedelsteine zur Wasser-Energetisierung. Dafür fülle ich mein stilles Wasser in eine Glaskaraffe und gebe die gereinigten Edelsteine hinzu. Eine gute Grundmischung besteht aus Amethyst, Rosenquarz und Bergkristall.

Außer grünen Smoothics ist stilles Wasser das beste Basengetränk überhaupt. Da wir über unsere Nieren einen Großteil der Säuren ausscheiden, sollte das Ganze unbedingt gut flutschen.

Zwei Liter Wasser pro Tag ist daher das Minimum. Kaffee, schwarzer Tee und alle gesüßten und alkoholischen Getränke zählen nicht zu diesen zwei Litern Flüssigkeit, da sie alle zusätzlich säuern. Auch Wasser mit Kohlensäure ist nicht wirklich hilfreich, da diese ebenfalls Säure produziert.

SAURER STAU UND BASISCHES LACHEN

Dieser Ausspruch kommt nicht von ungefähr: Wenn wir uns ärgerlich, wütend oder zornig fühlen, sagen wir, dass wir »sauer« sind. Denn nicht nur Essen und Trinken machen unseren Körper sauer, sondern auch unangenehme Gefühle wie Wut, Angst, Eifersucht und Trauer. Auch Situationen, die uns Stress bereiten, fluten unser Inneres mit Säure, beispielsweise Streit, Lärm, übermäßiges Arbeiten, Stau, lange Flugreisen oder sorgenvolle Gedanken.

Basisch hingegen wirken Gefühle wie Freude, Gelassenheit und Heiterkeit. Ein guter Witz, eine Umarmung, ein gutes Gespräch oder ein schönes Kompliment hebt nicht nur unsere Stimmung, sondern auch das Basenniveau in unserem Körper. Genauso wie Bewegung, ein tiefer Atemzug, ein Spaziergang in der Natur, angenehme Musik und ausgelassenes Lachen.

SÄURE AUSATMEN

Unsere Lunge ist neben den Nieren ein weiteres wichtiges Organ für die Ausscheidung von Säure, denn bei jedem Ausatmen geben wir Säure in Form von Kohlendioxid ab. Je tiefer wir also atmen, desto besser. Obwohl der Atem genauso automatisch passiert wie unser Herzschlag, können wir in diesem Fall jedoch darauf Einfluss nehmen. Wenn wir zum Beispiel gestresst sind, wird unser Atem automatisch flacher und kürzer. Jetzt bekommen wir nicht nur einen Säureeinschub durch unser gestresstes Gefühl, sondern atmen gleichzeitig auch weniger Säure aus. Damit ist der Moment gekommen, in dem wir unseren Atem bewusst beeinflussen sollten. Wenn wir jetzt anfangen, tiefe Atemzüge durch die Nase in den Bauch hinein zu machen, scheiden wir nicht nur mehr Säure aus, sondern geben unserem Körper auch zu verstehen, dass wir außer Gefahr sind und dass er sich beruhigen kann. So wird unser Atem zum besten Mittel gegen Stress.

Gut zu wissen: Atmen durchs rechte Nasenloch macht wach, während Atmen durchs linke Nasenloch beruhigt. Dieses Wissen kannst du dir zunutze machen, indem du einfach dein linkes Nasenloch zuhältst und für ein paar Minuten nur durchs rechte ein- und ausatmest, wenn du Energie brauchst. Oder du hältst das rechte zu und atmest nur durchs linke, um dich zu beruhigen.

ACTION STEPS

ACHT DINGE, DIE DU JEDEN TAG FÜR DEIN SÄURE-BASEN-GLEICHGEWICHT TUN KANNST

1. **Beginne den Tag mit einem warmen Zitronenwasser.** Presse den Saft einer viertel bis halben Zitrone in ein Glas mit warmem (nicht heißem) Wasser. Zitronensaft wird trotz seines sauren Geschmacks im Körper basisch verstoffwechselt. Das Getränk reinigt die Leber und sorgt für eine gute Verdauung. Spüle dir nach dem Trinken den Mund mit einem Schluck Wasser aus, da Zitronensaft den Zahnbelag angreifen kann.

2. **Trink deinen grünen Smoothie** (Rezept siehe **Seite 114**). Bereite am besten gleich eine größere Portion zu, so dass du einen Spätvormittags- oder Nachmittagssnack hast.

3. **Iss dein Gemüse.** Mach Gemüse zum Hauptakteur deiner Mahlzeit und alles andere zur Beilage.

4. **Trinke mindestens zwei Liter stilles Wasser.**

5. **Nimm dir Zeit für dich.** Setze dich morgens oder abends zehn Minuten ruhig hin (im Schneidersitz mit einem Kissen auf dem Boden oder auf einen Stuhl, ohne dich anzulehnen) und atme tief durch die Nase in den Bauch ein und aus. Werde ganz ruhig und schöpfe Kraft aus deinem Atem. Keine Angst, das ist ganz einfach, man nennt es Meditation.

6. **Laufe mindestens eine halbe Stunde pro Tag.** Vielleicht kannst du auf dem Weg zur Arbeit ein oder zwei Haltestellen früher aussteigen und den Rest des Weges zu Fuß gehen oder nach dem Abendessen einen Verdauungsspaziergang machen. Egal, wie, wann und warum, aber geh raus, laufe, atme!

7. **Geh raus in die Natur.** Die Natur beruhigt, heilt und baut dich auf. Du solltest sie öfter besuchen.

8. **Orchestriere gute Momente.** Suche dir bewusst Situationen und Menschen aus, die dir guttun. Lache, mache Witze, amüsiere dich, hab einfach Spaß.

»Vitalität und Schönheit sind die Geschenke der Natur für diejenigen, die nach ihren Regeln leben.«

Leonardo da Vinci, Maler, Architekt, Naturphilosoph und Ingenieur

SORGE FÜR EIN GUTES KLIMA

Warum dein Darmmilieu deine Gefühle beeinflusst und was du täglich tun kannst, um es zu verbessern.

Wir Menschen glauben schon seit Tausenden von Jahren an den Einfluss unseres Essens auf unsere Gefühle. Bereits Hippokrates gab Ernährungsempfehlungen bei Depressionen, und die Lehre des Ayurveda hat den Zusammenhang schon vor mehr als 3000 Jahren erkannt. Auch die moderne Medizin öffnet sich langsam dem Thema. Einer der führenden Forscher im Bereich der Neurowissenschaften des Magen-Darm-Systems, Emeran Mayer von der University of California, sagte in dem Zusammenhang: »Psychiater haben bisher nie unterhalb des Halses nach Ursachen für Probleme gesucht. Aber vielleicht werden wir in Zukunft psychiatrische Probleme nicht mehr nur im Gehirn, sondern auch im Verdauungstrakt behandeln.«

Hippokrates empfahl seinen depressiven Patienten, Eselsmilch zu trinken.

In einer über zehn Jahre laufenden Studie mit 12000 Teilnehmern untersuchten französische Wissenschaftler den Zusammenhang zwischen unseren Ernährungsgewohnheiten und unseren Gefühlen. Dabei fanden sie heraus, dass unser Essen einen ganz klaren Einfluss darauf hat, ob wir zu Depressionen neigen oder nicht. Teilnehmer, die sich hauptsächlich von Gemüse, Obst und Fisch ernährten, hatten ein viel geringeres Risiko, an einer Depression zu erkranken, als Teilnehmer, die stärker verarbeitetes Essen mit einem hohen Anteil an weißem Zucker und Weißmehl zu sich nahmen. Die Wissenschaftler machten bei der Gelegenheit auch die schlimmsten Stimmungsverderber aus: ungesunde Snacks, fettreduziertes Essen (interessant, oder?) und stark fetthaltiges und gezuckertes Essen. Also so ziemlich alles, was wir in jedem westlichen Land auf die Schnelle kaufen können, wenn wir hungrig sind.

Es ist vielleicht kein Zufall, dass sich sowohl Übergewicht als auch Depressionen in der westlichen Welt wie eine Epidemie ausbreiten. Und die Prognosen für beide sehen ähnlich aus: Während Wissenschaftler vermuten, dass die Zahl der Übergewichtigen in den nächsten Jahren um weitere 80 % steigen wird, gehen sie gleichzeitig davon aus, dass Depressionen schon bald die zweithäufigste Ursache für Erwerbsunfähigkeit sein werden. Darüber hinaus mehren sich die Beweise, dass Übergewicht und Depression oft zusammen auftreten und dass Übergewichtige häufig eine gestörte Darmflora haben.

Vielleicht fragst du dich jetzt, was wohl zuerst da war: das Übergewicht oder die Depression? Die gestörte Darmflora oder die trübe Stimmung? Und ich antworte dir, dass das völlig gleichgültig ist. Hauptsache ist nämlich, dass wir den Hebel kennen, den wir bewegen können, um unseren Körper und unsere Gefühle gleichzeitig zu verbessern: unser Essen.

Aber wie beeinflusst unser Essen eigentlich unsere Gefühle? Letztlich auf drei Arten:

1. Seine Wirkstoffe stimulieren direkt unser Gehirn.
2. Es beeinflusst unser Immunsystem.
3. Es wirkt auf unsere Darmflora ein.

Egal, wie es unserem Darm geht, unser Gehirn weiß immer Bescheid. Unser Darm ist nämlich ein gesprächiger Typ und sendet über zahlreiche Nervenbahnen ständig Botschaften ans Gehirn wie etwa »prima Klima hier unten, alles super« oder »Verdammt, hier unten ist die Hölle los«. Ganz entscheidend für eine gute Nachrichtenlage sind dabei Billionen Bakterien, die im Darm gegen Kost und Logis Tag und Nacht für unsere Gesundheit arbeiten.

BILLIONEN BAKTERIEN MIT SUPERKRÄFTEN

Wissenschaftler gehen davon aus, dass die Anzahl unserer Darmbakterien die Anzahl unserer Körperzellen um das Zehnfache übertrifft. Die Zahlen variieren je nach Studie, aber neuesten Erkenntnissen zufolge haben wir 100 Billionen Bakterien im Darm und zehn Billionen Körperzellen.

Unser Darm ist das innere Organ, das am meisten Kontakt zur Außenwelt hat. Durch unsere Nahrung gelangen nicht nur Nährstoffe in den Darm, sondern auch Bakterien, Viren und Parasiten, die das Bad in der Magensäure überlebt haben. Der Job unseres Darms ist es, den Überblick zu bewahren, Gutes zu verwenden und Schlechtes unschädlich zu machen und auszuscheiden. Du könntest sagen, dass unser Darm sinnbildlich dafür steht, wie wir mit dem Leben zurechtkommen; ob wir imstande sind, uns von Unnötigem zu trennen und Gutes zu integrieren.

Damit er diesen Job gut erledigen kann, befindet sich der größte Teil unseres Immunsystems im Darm. Und ein wichtiger Bestandteil ist unsere Darmflora. Sie besteht aus Billionen nützlicher Bakterien der unterschiedlichsten Stämme. Und diese Bakterien haben Gewicht: Bis zu zwei Kilogramm bringen sie zusammen auf die Waage und sind damit schwerer als unser Gehirn. Ohne diese zwei Kilo Bakterien wären wir nicht lebensfähig, denn gute Darmbakterien sind echte Superorganismen mit Supereigenschaften:

- **Sie stärken unsere Abwehrkräfte**, indem sie die Ausbreitung schädlicher Bakterien verhindern.

- **Sie neutralisieren Gifte und schützen unseren Organismus vor Schadstoffen** aller Art. Dadurch beugen sie Entzündungen im ganzen Körper vor.

- **Sie bilden Vitamine,** zum Beispiel B-Vitamine, die unsere Schleimhäute schützen, unsere Haut gesund halten und den Nerven guttun. Außerdem Vitamin K, das für unsere Blutgerinnung wichtig ist. Sie machen Vitamin B_7 (Biotin) für den Körper zugänglich, das für die Beschaffenheit unserer Haare, unserer Nägel und unserer Haut mitverantwortlich ist.

- **Sie schützen uns vor Allergien,** indem sie die Darmwand undurchlässig machen für Schadstoffe. Wenn diese nämlich durch eine schlecht bewachte Darmwand ins Blut gelangen, erzeugen sie eine starke Abwehrreaktion, die zu Allergien führen kann.

- **Sie machen uns schlank,** da eine gute Darmflora den Stoffwechsel anregt. Wissenschaftler fanden heraus, dass übergewichtige Menschen oft einen dünner besiedelten Darm haben als schlanke Menschen. Das führt in manchen Fällen dazu, dass sich ein bestimmtes Bakterium ansiedeln kann, das so fleißig ist, dass es sogar Ballaststoffe verdaut und in Fett umwandelt, die sonst unverdaut ausgeschieden werden.

Solange sich ein Säugling im Bauch der Mutter befindet, ist sein Darm noch völlig steril. Durch den Geburtsvorgang wird das Baby dann von den Keimen der Mutter besiedelt. Innerhalb der ersten zwei bis drei Lebensjahre ist die Besiedelung abgeschlossen. Da in unserem Darm ein großes Kommen und Gehen herrscht, könnte man meinen, dass auch unsere nützlichen Bakterien sich immer wieder mal austauschen. Dem ist aber nicht so. Unsere Bakterienstämme gehen eine Symbiose mit uns ein und verlassen uns nur dann, wenn es gar nicht mehr anders geht.

Über Darmparasiten wissen die wenigsten von uns Bescheid, und doch hat laut wissenschaftlichen Studien jeder Zweite welche. Sie können der Grund für chronische Erschöpfung und entzündliche Erkrankungen sein. Die besten Naturheilmittel gegen Darmparasiten sind, neben einer natürlichen Ernährung ohne Zucker und Weißmehl, Papayakerne (mehrmals täglich fünf Stück kauen), roher Knoblauch, natives Kokosöl und Oregano-Öl (drei Tropfen in einem Glas Wasser mit frischem Zitronensaft dreimal täglich trinken).

Bei Scheidungen werden oft »unüberbrückbare Differenzen« als Grund für die Trennung angegeben. Unüberbrückbare Differenzen sind für unsere guten Darmbakterien eine ungesunde Ernährung, Stress und Antibiotika. Das Wort Antibiotika setzt sich zusammen aus »Anti« (gegen) und »Bio« (Leben). Antibiotika richten sich also gegen das Leben. Und diese Wirkung haben sie auch auf unsere Darmbewohner. Wenn die Zahl unserer Darmbakterien auf diese Art rapide abgenommen hat, haben Keime, Parasiten und Pilze ein leichtes Spiel und können zu allerlei Störungen und Krankheiten führen.

FRITTEN UND DEPRESSIONEN

»Gesundheit ist nichts, was du erlangen musst, sondern sie ist dein natürlicher Zustand, wenn du nicht störend eingreifst.«

Dean Ornish, Mediziner

Wenn unser Darmmilieu leidet, leidet auch unsere Psyche. Forscher fanden heraus, dass Menschen mit chronischem Erschöpfungssyndrom meist auch eine geschädigte Darmflora haben. In einer achtwöchigen Pilotstudie mit 35 Patienten, die mit einem probiotischen Mittel zum Aufbau der Darmflora behandelt wurden, stellte sich denn auch eine Besserung ihres psychischen Zustands ein. Versuche mit Mäusen brachten interessante Ergebnisse: Mäuse, die von einer pflanzenreichen Nahrung auf eine Kost mit viel Fett und Zucker gesetzt wurden, zeigten schon nach einem Tag eine veränderte Darmflora. Und diese geschädigte Darmflora führte wiederum zu einem ängstlichen und scheuen Verhalten. Umgekehrt normalisierte sich das Verhalten der Mäuse wieder, wenn ihre Nahrung mit bestimmten Probiotika angereichert wurde.

Als große Tierliebhaberin kann ich Tierversuche absolut nicht leiden und zitiere sie auch nur ungern. Deshalb bin ich froh, dass es Menschen wie den Dokumentarfilmer Morgan Spurlock gibt, die im Selbstversuch ausprobieren, wie Essen auf den menschlichen Körper und die Psyche wirkt. Spurlock ernährte sich 30 Tage lang nur von dem Fast Food einer bekannten Kette und ließ sich dabei ärztlich betreuen. Er nahm in dieser Zeit nicht nur über zwölf Kilo zu, sondern seine Leberwerte wurden so bedenklich, dass sein Arzt staunte: »Wären Sie Alkoholiker, wäre ich nicht überrascht, aber dass so etwas vom Fast-Food-Essen kommen kann ...« In seinem Film »Supersize me« berichtet Spurlock, dass er außer den körperlichen auch psychische Symptome hatte. Er war launisch, wütend und unglücklich. Besser fühlte er sich nur kurz, wenn er den nächsten Burger aß, aber danach ging es stimmungsmäßig wieder steil bergab.

Bei einem ähnlichen Fast-Food-Experiment an der schwedischen Universität Linköping berichteten die Probanden, dass sie trotz der großen Kalorienmenge, die sie zu sich nahmen, auffallend wenig Energie hatten und ständig schlapp und müde seien.

Ich kenne dieses Gefühl gut. Wenn ich Fast Food esse, bin ich hinterher zwar satt, aber müde. Mein Körper, der sonst Besseres gewohnt ist, merkt den Unterschied. Der Grund dafür ist mit gesundem Menschenverstand leicht herzuleiten: Essen, das reich ist an weißem Zucker, weißem Mehl und minderwertigen Fetten, hat viele Kalorien, aber kaum echte Nährstoffe. Dadurch fühlen wir uns satt, aber unsere Verdauung benötigt viel Energie, um das Essen zu verstoffwechseln. Daher fehlt uns die Energie an anderer Stelle, und wir werden müde. Gleichzeitig bekommen unsere Zellen nicht das, was sie für ihre Instandhaltung brauchen, zum Beispiel Vitamine und Mineralstoffe, die in Fast Food kaum vorhanden sind. Auch unsere Darmflora bekommt nicht die Ballaststoffe, die sie für ihre Gesunderhaltung braucht und die in pflanzlicher Nahrung so zahlreich enthalten sind. Es entsteht also ein Verlust auf allen Ebenen, und wir bemerken das daran, dass wir müde, antriebslos und gereizt sind.

ERSTE ANZEICHEN EINER GESTÖRTEN DARMFLORA

Eine Störung deiner Darmflora bemerkst du an den folgenden Symptomen, die dann natürlich nicht einmalig, sondern ständig auftreten:

- Blähungen und Gas im Bauch
- Chronische Verstopfung
- Chronischer Durchfall
- Bauchschmerzen
- übelriechender Stuhl
- ein schwaches Immunsystem
- Unverträglichkeiten
- Mundgeruch

Eine gestörte Darmflora ist nicht nur der Wegbereiter für Entzündungen im ganzen Körper und die Basis von Autoimmunerkrankungen, sondern sie ist uns häufig direkt ins Gesicht geschrieben. Studien haben bewiesen, dass ein Übermaß an schädlichen Bakterien im Darm die Wahrscheinlichkeit, Akne zu bekommen, um das Zehnfache erhöht.

Es ist gut, bereits in diesem Stadium zu reagieren und etwas für deine Darmflora zu tun, denn aus einer gestörten Flora können sich über die Zeit schwerere Erkrankungen wie Zöliakie, Colitis ulcerosa, Morbus Crohn oder sogar Darmkrebs entwickeln. Aber auch viele andere Erkrankungen, für die oft keine Ursache gefunden werden kann, wie chronische Erschöpfung, Migräne oder Neurodermitis gehen oft auf einen gestörten Darm zurück. Genauso wie Depressionen, Allergien, Hauterkrankungen, Pilzinfektionen und Diabetes (siehe auf **Seite 65**, was du für dein gutes Darmmilieu tun kannst).

GLÜCK IST EIN BAUCHGEFÜHL

Unser Darm ist nicht nur eine Riesen-WG für Billionen Darmbakterien, sondern er ist nach Gehirn und Rückenmark auch das größte Nervensystem unseres Körpers. Unser Darm ist intelligent. Forscher glauben sogar, dass er eine ziemlich exakte Kopie unseres Gehirns ist. Daher kommt auch der Begriff »Bauchhirn«. Zelltypen und Rezeptoren unseres Bauchhirns sind tatsächlich identisch mit denen unseres Gehirns, und sie kommunizieren über die gleichen Botenstoffe. Zum Beispiel über Serotonin, das Hormon, das uns gute Laune macht.

Ohne Serotonin sind wir übellaunig, ängstlich oder sogar depressiv. Für die guten Gefühle sorgt allerdings nur das Serotonin in unserem Gehirn, und dort befindet sich lediglich 1 % unseres gesamten Bestands. Ich habe dafür keinerlei wissenschaftliche Beweise, aber ich schätze, dass wir mit mehr Serotonin im Gehirn wahrscheinlich völlig high durch die Welt laufen und allen Menschen Blumen schenken würden, anstatt Kriege zu führen oder die »Tagesschau« anzusehen.

Auch wenn es andersherum schöner und lustiger wäre: Der größte Teil unseres Serotonins befindet sich nicht im Gehirn, sondern im Darm. Dort sorgt es nicht für glückliche Stimmung, sondern für Muskelkontraktionen, damit wir aufs Klo können. So dicht liegen Glück und Kloake manchmal beieinander.

Hattest du schon einmal Durchfall vor einer Prüfung? Das lag am Serotonin. Bei Stress macht sich der Körper bereit für den Angriff oder die Flucht. Dafür sammelt er das Serotonin aus allen Geweben im Darm und beschleunigt damit die Kontraktionen in Richtung Darmausgang, um allen unnötigen Ballast so schnell wie möglich loszuwerden. Durch den hohen Verbrauch stellt sich im Gehirn ein Serotoninmangel ein, und so macht uns Stress übellaunig und schlägt uns auf den Magen. Wenn wir allerdings ausgeglichen und ruhig sind, sinkt der Serotoninspiegel im Darm, während er im Gehirn ansteigt. Das macht uns nicht nur glücklich, sondern mindert auch unser Hungergefühl – und das ist übrigens auch der Grund, warum wir keinen Hunger haben, wenn wir verliebt sind. Unser Serotoninspiegel im Gehirn ist am oberen Anschlag, und wir haben das Gefühl, uns allein von Luft und Liebe ernähren zu können.

Wissenschaftliche Studien haben den Einfluss von Meditation auf den Serotoninhaushalt im Gehirn untersucht. Die Entspannung, die während der Meditation eintritt, lässt nicht nur den Serotoninspiegel steigen, sondern fördert auch die Ausschüttung weiterer Neurotransmitter, die wohlige Gefühle auslösen: das glücklich machende Dopamin, das Liebeshormon Oxytocin und fröhliche Endorphine.

Es gibt viele Faktoren, die zu einem Serotoninmangel im Gehirn führen können, außer Stress unter anderem auch unsere Ernährung. Und wenn uns unzureichend Serotonin zur Verfügung steht, bricht unser Gefühlsleben ein wie ein Kartenhaus. Kein Wunder, dass es einen so großen Markt gibt für Serotonin erhöhende Medikamente (Antidepressiva) und Drogen (zum Beispiel Ecstasy), die natürlich ihrerseits wieder unangenehme Nebenwirkungen haben.

Wir können unseren Serotoninspiegel aber auch auf natürliche Weise und ohne Nebenwirkungen anheben. Wir müssen nur wissen, wie. Serotonin braucht für seine Bildung eine Aminosäure, die wir nur über die Nahrung aufnehmen können. Sie heißt Tryptophan und befindet sich in vielen Lebensmitteln. Am besten kann der Körper allerdings das Tryptophan aus pflanzlichen Nahrungsmitteln verwerten, da diese nicht nur die anderen Bausubstanzen für Serotonin liefern, sondern auch wenig andere Proteine enthalten. Proteinreiche Lebensmittel wie zum Beispiel Eier oder Fleisch weisen außer Tryptophan auch noch andere Aminosäuren auf, die schneller und forscher sind als das Tryptophan. Man muss sich das so vorstellen wie auf dem Spielplatz vor der großen Schaukel. Das schüchterne Kind wartet schon eine ganze Weile, wird aber ständig von energischeren Kindern zur Seite gedrängt und kann erst dann schaukeln, wenn alle anderen Kinder schon nach Hause gegangen sind. So geht es dem Tryptophan vor dem Eintritt ins Gehirn. Es lässt alle anderen Aminosäuren vor und kommt erst als Schlusslicht dort an, wo es dringend für unser Wohlgefühl gebraucht wird.

Sobald unser Serotoninspiegel im Gehirn niedrig ist, signalisiert unser Körper Hunger, weil er hofft, so an Nahrung zu kommen, die Tryptophan enthält. Wenn du nun wüsstest, welche Lebensmittel du ihm geben kannst, damit er nicht länger suchen muss, hättest du den ersten Schritt in Richtung guter Laune getan.

Es klingt unwahrscheinlich, aber das Glück findest du bei den Kleinen und Unscheinbaren. Vor allem Samen und Getreide, wie Sonnenblumenkerne, Sesam, Amaranth, Quinoa, Hafer und Hirse, enthalten gut verwertbares Tryptophan, aber auch Cashewkerne und Pilze beinhalten den Bausatz fürs Glück. Wenn du dann bei gutem Wetter noch 10 bis 20 Minuten in die Sonne gehst, am besten knapp bekleidet, so dass das Sonnenlicht direkt auf deine Haut scheinen kann, dann hast du das Bestmögliche für deinen Serotoninspiegel getan.

Hast du schon mal das Hochgefühl erlebt, das nach einiger Zeit beim Joggen eintritt? Wenn du dich körperlich verausgabst und deine Belastungsgrenze leicht überschreitest, steigt dein Serotoninspiegel und beschert dir euphorische Gefühle.

ACTION STEPS

PFLEGE DEINEN DARM

Ob du Beschwerden hast oder nicht – es ist immer gut, dein Darmmilieu zu pflegen. Und da deine Darmflora so ziemlich alles mag, was auch deinem restlichen Körper guttut, kannst du nichts falsch machen. Es dauert eine Weile, den Darm nachhaltig aufzubauen, deshalb solltest du etwas Geduld mitbringen und über drei Monate hinweg Folgendes tun:

- Mache einen grünen Smoothie zu deinem »ersten Frühstück« (siehe Rezept auf **Seite 114**).
- Iss viel Gemüse, Vollkornprodukte, Mandeln (am besten zuvor in Wasser einweichen), Kerne und Samen wie Kürbiskerne und Sesam.
- Iss öfter roh, weil Darmbakterien die pflanzlichen Ballaststoffe zum Überleben brauchen.
- Nutze hochwertige Fette wie natives Kokosöl und Olivenöl.
- Iss probiotische Lebensmittel wie ungesüßten Joghurt von der Ziege oder dem Schaf (in Maßen und nur bei guter Verträglichkeit) oder pflanzliche Joghurts. Außerdem natürlich fermentiertes Gemüse wie zum Beispiel rohes Sauerkraut.
- Verzichte (außer natürlich in Notfällen) auf die Einnahme von Antibiotika, Cortison und anderen Medikamenten, die die Darmflora beeinträchtigen (sprich mit deinem Arzt darüber).
- Reduziere stark verarbeitete Lebensmittel, die Weißmehl, weißen Zucker und Geschmacksverstärker oder Konservierungsmittel beinhalten.
- Vermeide tierisches Eiweiß aus Massentierhaltung, da hier oft Rückstände von Antibiotika enthalten sind.
- Wenn du bereits Anzeichen einer gestörten Darmflora hast (siehe **Seite 62**), dann besorge dir ein gutes probiotisches Mittel. Nicht alle probiotischen Mittel sind wirksam. Du solltest eines wählen, das aus allen oder aus einer Auswahl der folgenden Bakterienstämme besteht: *Bifidobacterium bifidum*, *Lactobacillus acidophilus*, *Bifidobacterium longum*, *Lactobacillus rhamnosus*, *Lactobacillus casei*.

HÖRE AUF DEINEN KÖRPER

Warum dein Körper dein weisester Ratgeber ist und wie du ihn besser verstehen kannst.

»Lieber Gott, lass mich im nächsten Leben Lilly sein.« Dieser Gedanke beschleicht mich immer, wenn meine To-do-Liste mal wieder zu lang ist und ich nach acht Stunden am Rechner immer noch längst nicht alles geschafft habe, was ich mir vorgenommen hatte. Währenddessen liegt meine Hündin Lilly tief entspannt in ihrem Hundekorb, die Pfoten zum Himmel gestreckt und die Augen verdreht, so dass man das Weiße sieht. Irgendwann, wenn sie sich genug ausgeruht hat, steht sie auf, schüttelt sich, streckt sich und ist bereit für einen kleinen Sprint durch den Garten oder ein Spiel mit dem Ball. Lilly ist in jedem Augenblick ganz eins mit sich und ihrem Körper. Und ihr Körper und seine Bedürfnisse haben immer Priorität.

»Wer die Seele kennenlernen will, muss den Körper studieren.«

Julien Offray de La Mettrie, französischer Philosoph

Ist dir schon mal aufgefallen, dass das englische Wort »dog« umgekehrt gelesen »god« heißt? Ich glaube, dass Hunde kleine sabbernde Gurus sind, von denen wir viel lernen können über ein gesundes Körpergefühl und über das Glück an sich. Für mich sind ein gutes Körpergefühl und Glück eigentlich eins. Denn was fühlt sich besser an, als wenn wir ganz in unserem Körper zu Hause sind und ihn voll und ganz ausfüllen? Dieses saftige Gefühl, das wir nach dem Sport oder nach dem Sex haben? Oder das Gefühl von Freiheit, wenn die Sonne unsere nackte Haut wärmt? Oder wenn wir uns schwerelos fühlen beim Bad im Meer und uns ganz den Wellen hingeben? Das sind glückliche Momente, in denen wir eins sind mit unserem Körper.

Meine Hündin Lilly ist mein kleiner Guru. Sie hat noch vor mir ein Buch herausgebracht, in dem sie ihre wichtigsten Glücksregeln mit uns teilt (siehe **Seite 271***).*

Komisch eigentlich, dass wir uns diesen Luxus so selten gönnen. Stattdessen vergessen wir oft, dass wir überhaupt einen Körper haben. Wir sitzen den ganzen Tag am Schreibtisch und spüren unseren Körper erst dann, wenn wir aufs Klo müssen, Hunger oder Durst haben oder wenn er uns irgendwo drückt. Dann wird er uns schnell lästig, und es wäre uns lieber, er würde wieder Ruhe geben und uns arbeiten lassen. Zwischen unserem Körper und uns gibt es offensichtlich ein paar Interessenskonflikte. Unser Körper hat bestimmte Bedürfnisse, und wir ignorieren sie, weil wir gerade andere Dinge im Kopf haben. Unser Körper will sich bewegen, und wir wollen noch das Dokument fertig schreiben; unser Körper will schlafen, und wir wollen noch die letzten zwei Staffeln unserer Lieblingsserie anschauen; unser Körper braucht gute Nährstoffe, und wir geben ihm einen Schokoriegel. Es gibt nur wenige Menschen, die so eine Behandlung lange mitmachen würden, aber unser Körper ist geduldig und immer bestrebt, sich anzupassen. Er versucht, unter allen Gegebenheiten optimal zu funktionieren. Nur wenn die Umstände gar zu schlecht sind, versucht er uns zu warnen und gibt uns über bestimmte Signale zuerst kleine und dann immer größere Hinweise, dass etwas nicht in Ordnung ist. Wenn wir dann immer noch nicht hören wollen, kann es sein, dass er ernsthaft krank wird.

Wir leben nicht nur gesünder, wenn wir auf unseren Körper hören, sondern auch sinnlicher und intensiver. Schließlich ist unser Körper der weiseste Freund, den wir haben. Die Information seiner Zellen speist sich aus Tausenden von Jahren der Menschheitsgeschichte. So lange haben sich unsere Zellen schon entwickelt, angepasst und verfeinert. Unser Körper ist der instinktive Teil unseres Menschseins, denn er gehört zur Natur. Wie alle Lebewesen der Natur hat auch unser Körper ein genaues Bewusstsein darüber, was gut für uns ist und was nicht. Er reagiert mit Gänsehaut, Erröten, Schwitzen, Frösteln, Stechen, Ziehen, Kribbeln und vielen weiteren Sinneseindrücken. Er weiß ganz genau, ob eine Situation gefährlich für uns ist oder nicht. Genauso wie der Instinkt der Tiere kann uns auch unser Körper Signale und Anweisungen geben, wie wir uns in einem Moment verhalten sollen.

Warst du schon mal krank und hast deinen Körper gefragt, was er dir mit der Krankheit sagen will? Krankheiten sind das Mittel des Körpers, mit uns zu sprechen, wenn er nicht weiß, wie er sonst zu uns durchdringen soll. Wenn du mehr über geistig-seelische Ursachen bestimmter Erkrankungen erfahren willst, dann lies den Klassiker der Selbstheilung aus den 1970er Jahren »Heile deinen Körper« von Louise Hay oder besorge dir die dazugehörige App »Heal your body A–Z«.

Es fällt uns oft schwer, unserem Instinkt zu folgen, weil er nicht immer logisch erklärt werden kann. Was würdest du zum Beispiel tun, wenn du gerade gemütlich am Strand liegst und plötzlich sagt dir dein Instinkt, dass du aufstehen und auf den nächsten Berg rennen sollst? Du schaust dich um; alle anderen liegen auf ihren Handtüchern und lesen, dösen oder essen ein Eis. Und du sollst aufstehen und auf einen Berg rennen? Das ist überhaupt nicht sinnvoll. Bevor der Tsunami von 2004 mit seiner Riesenwelle die Küste Thailands überflutete, sind alle Tiere, die nicht angebunden waren, Richtung Berge gelaufen. Angeblich wurden später bei den Aufräumarbeiten kaum Tierleichen gefunden. Ihr Instinkt sagte den Tieren, dass Gefahr drohte, und sie folgten ihm. Das ist der Unterschied zwischen den Tieren und uns Menschen: Tiere hinterfragen ihren Instinkt nie, wir schon.

»Unsere Intuition kann als ein lebendiges Geschöpf verstanden werden, das sich von aufmerksamem Zuhören ernährt und jedes Mal ein bisschen stärker wird, wenn wir seinem Rat folgen.«

Clarissa Pinkola Estés, Autorin

Der Körper lügt nicht. Häufig zeigt er, was wirklich in uns vorgeht, während wir weiterhin versuchen, die Fassade zu wahren. Ich erinnere mich an eine Situation in einer Design-Agentur, in der ich früher arbeitete. Es war gegen 20 Uhr, und am nächsten Morgen sollte die Präsentation eines Projekts stattfinden. Die Direktorin hatte gerade das komplette Design über den Haufen geworfen und war anschließend nach Hause gegangen. Mein Kollege und ich waren also auf uns allein gestellt und mussten uns eine völlig neue Idee ausdenken. Wir saßen nebeneinander am Computer, als sein Bauch plötzlich anfing zu knurren. Wir hatten vorher gegessen, es war also kein Hunger. Es war das lauteste Bauchknurren, das ich je gehört hatte. Man konnte es sogar am anderen Ende des Großraumbüros hören. Mein Kollege war ein gefasster Typ, der seinen Unmut über die Situation verdeckt gehalten hatte. Sein Bauch machte allerdings keinen Hehl daraus, was er von dem Ganzen hielt, und knurrte weiter wie ein wütender Bär.

UNSERE BEZIEHUNG ZUM KÖRPER

Nicht immer macht sich unser Körper so lauthals bemerkbar wie bei meinem Kollegen, und nicht immer sind seine Signale so einfach zu deuten. Wie können wir also lernen, besser hinzuhören, was unser Körper uns sagen will? Zuerst einmal, indem wir Vertrauen aufbauen. Unser Körper gibt uns ständig ganz alltägliche Botschaften, wie zum Beispiel ein Drücken der Blase, wenn wir aufs Klo müssen, einen trockenen Mund, wenn wir Durst haben, oder schwere Augen, wenn wir müde sind. Es klingt vielleicht banal, aber schon indem wir anfangen, unseren Körper ernst zu nehmen und ohne Aufschub auf seine Bedürfnisse zu reagieren, vertiefen wir unsere Beziehung zu ihm. Wie in jeder guten Beziehung sind Achtung, Liebe und Respekt essenziell. Und im Kleinen zeigen sich diese Dinge, indem wir den anderen nicht warten lassen und ihm geben, was er braucht. So machen wir ihm klar, dass er uns wichtig ist und dass er uns vertrauen kann. Gleichzeitig lernen wir, besser auf ihn zu hören, so dass wir seine Signale auch in schwierigeren Situationen besser verstehen können.

Wenn du einen Partner hast, den du liebst, unternimmst du gerne Dinge mit ihm, die euch einander näherbringen. Dasselbe solltest du auch mit deinem Körper tun. Dein Körper mag Bewegung und Berührung, er liebt die Natur und zieht Energie aus dem Kontakt mit den Elementen. Also gib ihm, was er braucht, und ziehe öfter mal die Schuhe aus, um das Gras unter deinen Füßen zu spüren. Mache einen Spaziergang. Probiere eine neue Sportart aus. Gehe zur Massage oder lass dir ein Bad ein.

Mein Körper und ich machen gerne Yoga. Beim Yoga übe ich das Einssein mit meinem Körper, das Einssein von Atem und Bewegung und das Einssein mit dem Universum. Tatsächlich bedeutet das Wort Yoga auch »Einheit«, und um diese Einheit geht es eigentlich immer, wenn wir von Gesundheit und Glück sprechen. Ich glaube, dass wir spirituelle Wesen sind, die eine körperliche Erfahrung machen. Unsere Seele ist reine positive Energie, und unser Körper ist es auch. Unser Verstand tanzt da etwas aus der Reihe, weil er sich selbst und dem Glück oft ziemlich im Weg steht. Doch immer wenn wir einen Moment der Einheit mit unserem Körper und unserer Seele erleben, dann fühlen wir uns glücklich.

Wenn du deine Intuition verbessern willst, solltest du dir zuerst erlauben, deine Gefühle wirklich zu fühlen. Viele von uns haben Angst vor tiefen Emotionen, weil wir denken, dass sie uns runterziehen, sobald wir ihnen Tür und Tor öffnen. Eine weise Freundin hat einmal zu mir gesagt, dass unsere Emotionen wie durch einen Kanal durch uns hindurchfließen. Wenn wir den Kanal verschließen oder ganz eng machen, dann brauchen die Gefühle sehr lange, bis sie uns wieder verlassen. Machen wir den Kanal weit, sausen sie durch uns hindurch, und wir spüren sie für kurze Zeit ganz intensiv – und dann sind sie fort und machen Platz für neue Empfindungen.

DER KÖRPER ANTWORTET MIT DEM ARMLÄNGENTEST

Eine gute Methode, die Stimme unseres Körpers besser kennenzulernen und seine Signale deutlicher wahrzunehmen, ist der Armlängentest des Heilers Uwe Albrecht. Wenn ich im Restaurant sitze, kannst du mich manchmal beobachten, wie ich den Test heimlich unterm Tisch mache. Oft kann ich mich nicht entscheiden, was ich bestellen soll. Dann befrage ich meinen Körper, was er essen möchte, und wähle danach aus.

Beim »Armlängentest« antwortet der Körper über Symmetrie (ja) und Asymmetrie (nein). Dafür stehst du gerade und stellst dir vor, dass du dich selbst von außen siehst. Uwe Albrecht nennt das den »Kugelblick«. Du stellst dir vor, du stehst in der Mitte einer Kugel, die über und über voller Augen ist, durch die du dich aus allen Richtungen sehen kannst. Diese Vorstellung hilft dir, etwas Abstand zu gewinnen und die Antworten deines Körpers nicht durch deinen Verstand zu beeinflussen. Deine Arme hängen locker an den Seiten deines Körpers. Dann denkst du »Ja« und führst die Arme locker auf Hüfthöhe vor deinem Körper zusammen. Normalerweise sollten die Daumen sich jetzt auf einer Höhe treffen, weil das »Ja« des Körpers symmetrisch ist. Dann bringst du die Arme wieder auf die Seite und denkst »nein«. Wenn du die Arme nun abermals locker vor dem Körper zusammenführst, wirst du vielleicht bemerken, dass sich die Daumen nicht direkt treffen, sondern ein Arm etwas kürzer ist als der andere. Das ist das »Nein« des Körpers, das sich über Asymmetrie äußert. Am Anfang musst du das wahrscheinlich eine Weile üben, bis du sicherer wirst. Bei mir war der Unterschied zwischen »Ja« und »Nein« anfänglich nur minimal. Mit der Zeit wurde er immer deutlicher.

Sobald du dir sicherer bist, kannst du mit dem Fragen beginnen. Dafür formulierst du deine Frage als Feststellung. Lautet zum Beispiel deine Frage: »Ist dieses Brot gut für mich?«, machst du stattdessen die Feststellung »Dieses Brot ist gut für mich« und führst dann die Arme vor deinem Körper zusammen. Wenn sich die Daumen in der Mitte treffen, ist es ein Ja, ist ein Arm verkürzt, ist es ein Nein.

Der Armlängentest: Zuerst hängen die Arme locker neben dem Körper.

Symmetrie beim »Ja«. Die Daumen treffen sich vor dem Körper.

Asymmetrie beim »Nein«. Die Daumen treffen sich nicht direkt vor dem Körper, sondern sind versetzt zueinander.

WAS IST, WENN DIR DEIN KÖRPER SAGT, DASS ER FAST FOOD WILL?

Wenn wir gesund sind, uns wohlfühlen und uns gut ernähren, müssen wir in der Regel nur genau hinhören, um zu wissen, was unser Körper gerade braucht. Schwieriger wird es, wenn wir nicht gesund sind, uns nicht gut fühlen und schlechte Ernährungsgewohnheiten haben. Auch dann gibt uns unser Körper Hinweise darauf, was er möchte. Nur sind das dann oft Dinge, die ihm eigentlich nicht guttun. Bestimmt kennst du die Situation: Du hast einen schlechten Tag gehabt, hattest Stress bei der Arbeit, und nichts lief, wie du es dir vorgestellt hast. Am Abend bekommst du unglaubliche Lust, dir eine Tiefkühlpizza in den Ofen zu schieben und dich mit einer Flasche Wein auf dem Sofa zu verkriechen. Oder du hast dir angewöhnt, jeden Nachmittag zwei Schokoriegel zu essen. Dein Körper wird dich pünktlich um 16 Uhr mit einem Gefühl von Appetit daran erinnern. Was ist da los? Wir haben doch immer gehört, dass der Körper schon weiß, was gut für ihn ist, und dass wir einfach unserem Appetit folgen können. Leider ist es nicht so einfach.

Unser Körper mag am liebsten natürliche Nahrungsmittel, weil er ihre Nährstoffe am besten verwerten und in Energie umwandeln kann. Nun geben wir ihm aber Essen, das aus weißem Zucker, Konservierungsmitteln, Geschmacksverstärkern oder ungesunden Fetten gemacht ist. Unser Körper ist flexibel und versucht sich anzupassen, das heißt so schnell wie möglich mit den neuen Inhaltsstoffen zurechtzukommen. Und genau hier liegt der Knackpunkt: Unser Körper gewöhnt sich nicht nur an ungesunde Nahrung, sondern er stellt sich so sehr darauf ein, dass er schon nach kurzer Zeit in eine Art Suchtverhalten verfällt und nach der Nahrung »fragt«, indem er uns Gelüste und Appetit darauf signalisiert.

Selbstgemachtes Fast Food ist tausendmal besser als gekauftes und oft sogar richtig gesund. Wenn du Pizza liebst, dann mache einen Event daraus und backe dir selbst eine (siehe Rezept auf **Seite 205***). Und bereite dir sonntags ein paar Snacks oder Kekse für die Woche zu, auf die du in schwachen Momenten zurückgreifen kannst.*

Was am besten dagegen hilft, ist der harte Entzug. Wenn du das Gefühl hast, dass dein Körper dir ständig Signale schickt, Nahrung zu essen, die offensichtlich nicht gut für dich ist, dann lass sie für einige Tage komplett weg. Am einfachsten kann es sein, eine kleine Fastenkur zu machen und mindestens drei Tage lang nur Gemüsesuppen zu essen und grüne Smoothies zu trinken. So stellt sich der Körper langsam wieder um und kommt in seinen Normalzustand zurück. Auch dein Geschmackssinn profitiert vom Fasten. Vor allem dein Sinn für Süßes verfeinert sich wieder, und du wirst bemerken, dass du nach einer Fastenkur weniger Süße benötigst als zuvor. Danach kannst du anfangen, deinen Appetit auf gesündere Art zu stillen.

BEWEGUNG UND KÖRPERGEFÜHL

Ich gebe es zu, ich bin ein genusssüchtiger Wellnessjunkie. Selbst Yoga mache ich nicht, weil es gut für mich ist, sondern weil es mich glücklich macht. Manchmal macht es mich sogar high – und auch das ist schön.

Ich hatte Yoga immer zu Hause praktiziert und nur selten eine Stunde besucht. Ich wohnte damals in Berlin, und zufällig stolperten mein Mann und ich eines Tages in den Kundalini-Yoga-Workshop einer bekannten Lehrerin aus Los Angeles. Das war für mich, als würde ich den Fuß in einen völlig neuen Raum setzen. Die Bewegung, die Atmung, die Mantras, die Musik, die Meditation – all das berührte mich so tief, dass ich lachte, weinte, mehrmals an meine Belastungsgrenze stieß und am Ende völlig erschöpft und glücklich auf meiner Matte saß.

»Körper, Geist und Seele sind die drei Aspekte eines menschlichen Wesens. Wenn sie miteinander in Balance kommen, fühlst du dich glücklich.«

Gurmukh Kaur Khalsa, Kundalini-Yoga-Lehrerin

Yoga hatte mich mit Haut und Haaren gepackt. Mein Mann und ich zogen sogar nach Los Angeles, um bei dieser Lehrerin, die Gurmukh Kaur Khalsa heißt, in die Ausbildung zu gehen. Heute unterrichte ich selbst Yoga, und es ist immer noch so, dass ich meine Matte immer glücklicher verlasse, als ich sie betreten habe.

Für mich ist Bewegung quasi das Synonym für ein gutes Körpergefühl. Wenn ich mich nicht bewege, habe ich den Eindruck, als würden sich meine Sinne zurückziehen; dann fühle ich mich fast schon »unkörperlich«. Ein Freund hat mir das einmal anhand eines Bildes erklärt: Wenn wir uns wenig bewegen und nur im Kopf aktiv sind, dann gleichen wir einer Pyramide, die auf dem Kopf steht. Unsere gesamte Energie befindet sich im Kopf, und wir stehen auf wackligen Füßen, weil uns die Erdung fehlt. Um eine bessere Basis zu bekommen, müssen wir uns bewegen. Dann steht die Pyramide wieder, wie sie stehen sollte: mit ihrem Schwerpunkt am Boden und der Spitze Richtung Himmel.

»Im Yoga geht es nicht darum, sich zu verbessern, sondern sich so zu akzeptieren, wie man ist.«

Gurmukh Kaur Khalsa, Kundalini-Yoga-Lehrerin

Die Yogatradition gibt schon seit Tausenden von Jahren weiter, was die Wissenschaft erst nach und nach wieder herausfindet: Bewegung heilt, und zwar auf allen Ebenen. Wie eine hochdosierte Pille ohne Nebenwirkungen lässt Bewegung unsere Temperatur ansteigen und unser Herz kräftiger pumpen, sie setzt Glückshormone frei und senkt Stresshormone. Sie heilt krankes Gewebe, repariert die Erbsubstanz und lässt neue Zellen wachsen. Sie senkt den Blutdruck und hält den Zuckerhaushalt so stabil, dass sie Typ-2-Diabetikern die Tabletten ersetzen kann. Sogar die Wahrscheinlichkeit, an Krebs zu erkranken (vor allem Darm- und Brustkrebs), ist geringer, wenn wir uns regelmäßig bewegen.

ACTION STEPS

MEIN TÄGLICHES YOGA-PROGRAMM: 10 MINUTEN FÜR EIN TOLLES KÖRPERGEFÜHL

DEN OBERKÖRPER KREISEN

Setze dich in den Schneidersitz und lege ein Kissen unter den Po, so kannst du deinen Rücken besser aufrichten. Die Handflächen liegen auf den Knien. Schließe die Augen und rotiere deinen Oberkörper im Uhrzeigersinn. Du malst quasi einen großen Kreis in die Luft. 1 Minute. Dann wechselst du die Richtung. 1 weitere Minute.

Dauer der Übung: 2 Minuten

DIE LUNGE UND DEN OBEREN RÜCKEN WEITEN

Fasse mit den Händen deine Fußgelenke. Atme ein und presse deinen Brustkorb dabei nach vorne heraus. Der Kopf bleibt gerade. Beim Ausatmen drückst du deinen oberen Rücken nach hinten. Koordiniere die Bewegung mit der Atmung und steigere langsam das Tempo.

Dauer der Übung: 2 Minuten

DEN OBERKÖRPER FLEXIBEL HALTEN

Deine Fingerspitzen berühren deine Schultern, die Ellbogen befinden sich auf Schulterhöhe. Beim Einatmen drehst du deinen Oberkörper nach links, beim Ausatmen nach rechts. Koordiniere deine Atmung mit der Bewegung und steigere langsam das Tempo.

Dauer der Übung: 2 Minuten

BEINE UND RÜCKEN DEHNEN

Du streckst das rechte Bein diagonal aus und winkelst das linke Bein so an, dass dein linker Fuß an deinem rechten Oberschenkel ruht. Beim Einatmen ist der Oberkörper gerade, beim Ausatmen dehnst du ihn Richtung rechter Fuß. Koordiniere die Bewegung mit deiner Atmung. 1 Minute. Dann wechsle die Beine. 1 Minute.

Dauer der Übung: 2 Minuten

DEN NACKEN ENTSPANNEN

Du sitzt mit geradem Rücken und kreist ganz langsam und vorsichtig deinen Kopf im Uhrzeigersinn. 1 Minute. Dann wechselst du die Richtung. 1 Minute.

Dauer der Übung: 2 Minuten

TIPP:

Über **www.wellcuisine.net/ wellness/yoga** kannst du dir das Video zu dieser Yogasequenz ansehen.

VERGISS DIE ZAHLEN

Warum Kalorienzählen nichts bringt und du dich nicht hungern lassen solltest.

Diäten haben ein echtes Problem: Sie sind eine physikalische Unmöglichkeit. Wenn du eine Diät machst, nimmst du deine ganze Willenskraft zusammen, um etwas loszuwerden – die Pfunde. Was aber passiert, wenn du etwas unbedingt loswerden möchtest? Es bleibt. Oder es verschwindet kurzzeitig, um dann sogar verstärkt zurückzukommen. Das ist das Gesetz der Anziehung, das Quantenphysiker in den letzten Jahren bestätigt und ausgiebig erforscht haben. Einer der führenden Wissenschaftler, Dr. Procter, drückt es so aus: »Alles, was in Ihr Leben kommt, ziehen Sie selbst an, aufgrund der Bilder, die Sie in Ihrem Denken hegen.«

»Wissenschaftliche Studien und meine eigene klinische Erfahrung haben mich davon überzeugt, dass der Geist den Körper verändert, indem er auf das zentrale Nervensystem, das endokrine System und das Immunsystem einwirkt.«

Dr. Bernard Siegel, Arzt

Vereinfacht ausgedrückt: Gedanken an Übergewicht schaffen Übergewicht, und Gedanken an Schlankheit schaffen Schlankheit. Das Gesetz der Anziehung antwortet aber nicht nur auf deine Gedanken, sondern auch auf deine Gefühle. Wenn du wegen überzähliger Pfunde frustriert bist, ziehst du damit weitere Pfunde und mehr Frustration an. Wenn du dich allerdings hoffnungsvoll auf dein Ziel konzentrierst und auf dem Weg dorthin Spaß hast, wirst du viel leichter Gewicht verlieren und deine schlankere Figur auch halten können.

Natürlich erfordert diese Herangehensweise mehr als einen kleinen Perspektivwechsel. Statt morgens in den Spiegel zu blicken und zu denken, »ich muss unbedingt noch fünf Kilo abnehmen«, siehst du dir in die Augen und sagst: »Ich bin bereits auf dem besten Weg zu dem Körper, den ich mir wünsche.« Sprich mit dir, wie du mit deiner besten Freundin sprechen würdest. Du würdest versuchen, sie aufzumuntern und ihr den Druck zu nehmen. Du würdest ihr sagen, dass sie auch heute schon eine wunderschöne Frau ist und dass es nur eine Frage der Zeit ist, bis sie ihr Wunschgewicht erreicht hat. Dass sie sich in der Zwischenzeit entspannen und das Leben genießen soll. Und dass bereits alles gut und dabei ist, noch besser zu werden. Mit solchen Worten und Gedanken schaffst du dir eine optimistische Grundstimmung und schließt Frieden mit dem Moment. Achte weiterhin auf deine Gedanken und Gefühle und arbeite daran, dieses friedliche Gefühl zu erhalten. Schon bald wirst du dich inspiriert fühlen, in Aktion zu treten. Das kann bedeuten, dass du deine Ernährung veränderst oder mehr Sport treibst. Doch egal, was du jetzt tust, du hast den größten Teil der Arbeit bereits erledigt, da echte Veränderungen immer von innen kommen müssen.

»Ich merkte bald, dass mich keine Reise wirklich weit führte, wenn ich nicht die gleiche Distanz, die ich außen zurücklegte, auch innerlich ging.«

Lillian Smith, Autorin

NATÜRLICHES ESSEN MACHT DICH SCHLANK UND NÄHRT DEINE ZELLEN

Der Frieden, den du mit dir selbst schließt, ist die Grundlage und dein Essen der Weg zu einem gesunden Körper und zu deinem Wohlfühlgewicht. Egal, ob du abnehmen, dein Gewicht halten oder sogar zunehmen möchtest: Es führt kein Weg an natürlicher, möglichst unverarbeiteter Nahrung vorbei. Und je besser du über die Wirkung deiner Lebensmittel Bescheid weißt, desto gezielter kannst du dir ihre Wirkung zunutze machen und damit auch dein Gewicht beeinflussen.

»Viele Menschen sind depressiv und leiden. Wenn du fragst, wie sie sich ernähren, findest du heraus, dass sie viel Zucker und Fast Food essen und nicht ausreichend Grünes.«

Gurmukh Kaur Khalsa, Kundalini-Yoga-Lehrerin

Ich ernähre mich schon seit vielen Jahren gesund mit viel Gemüse und Obst. Meine körperlichen Beschwerden in meiner Jugend und die damit einhergehenden Nahrungsmittelunverträglichkeiten haben mich früh dazu gezwungen, mich mit guter Ernährung zu beschäftigen. Als ich dann vor einigen Jahren anfing, jeden Morgen grüne Smoothies zu trinken und noch viel mehr grünes Blattgemüse zu essen als zuvor, bemerkte ich einen deutlichen körperlichen Wandel. Ich nahm plötzlich fünf Kilo ab, ohne auf irgendetwas zu verzichten. Meine sonst manchmal träge Verdauung verbesserte sich schlagartig, und mein Friseur bemerkte, dass meine Haare schneller wuchsen. Ich wusste zwar schon vorher, dass grünes Blattgemüse viele gute Nährstoffe enthält, die sozusagen bestes »Zellenfutter« sind, aber von der enormen und sichtbaren Wirkung auf meinen Körper war ich doch überrascht.

Ich begann, viel über die Wirkung grünen Gemüses auf unseren Körper zu lesen, und fing zur gleichen Zeit meine Ausbildung zur ganzheitlichen Ernährungsberaterin an. Je mehr ich über die Wirkung der Pflanzen erfuhr, desto überzeugter war ich, dass wir nur den Schwerpunkt unserer Ernährung verlagern müssen, um abzunehmen und unser Gewicht dauerhaft zu halten. Dafür müssen wir weder hungern noch auf Genuss verzichten. Wir benötigen nur ein paar Infos, Lust auf gutes Essen, das uns wirklich Energie liefert, und los geht's.

ES GIBT KALORIEN, UND ES GIBT KALORIEN

Die typische Standard-Diät geht von folgendem Prinzip aus:

- Esse ich mehr Kalorien, als ich verbrauche, nehme ich zu.
- Esse ich genauso viele Kalorien, wie ich verbrauche, halte ich mein Gewicht.
- Esse ich mehr Kalorien, als ich verbrauche, nehme ich ab.

Du zählst demnach die Kalorien, die du zu dir nimmst, und beschränkst sie auf ein Minimum. Wenn deine Diät also aus kalorienreichen Lebensmitteln besteht, wie zum Beispiel Fleisch, darfst du davon nur ein winziges Stück essen. Das heißt, du hast die meiste Zeit Hunger. Ein viel befriedigenderes und gesünderes Prinzip ist es daher, von Natur aus kalorienarmes Essen auszuwählen, das besonders viele gute Nährstoffe hat, und so viel davon zu essen, bis du satt bist. Der amerikanische Arzt Dr. Joel Fuhrman hat Lebensmittel, die im Verhältnis zu ihren Kalorien besonders reich an Mikronährstoffen (Vitamine, Mineralien, Antioxidantien und sekundäre Pflanzenstoffe) sind, in einer Liste zusammen gefasst, die er »ANDI«-Index nennt. Die Liste (siehe **Seite 83**) geht bei 1 los (geringe Nährstoffdichte) und endet bei 1000 (maximale Nährstoffdichte). ANDI steht übrigens für »Aggregate Nutrient Density Index«.

Meine Buchempfehlung: »Eat to Live: das wirkungsvolle, nährstoffreiche Programm für schnelles und nachhaltiges Abnehmen« von Dr. Joel Fuhrman, erschienen bei Unimedica (Imprint des Narayana-Verlags).

Wenn du deinen Teller zum größten Teil mit Lebensmitteln mit hohem ANDI-Wert füllst, kannst du locker mehr essen als bisher und trotzdem dauerhaft Gewicht verlieren. Ganz oben auf der Liste steht, wie nicht anders zu erwarten, grünes Blattgemüse, wie Grünkohl und Spinat, aber zum Beispiel auch Wasserkresse, die ein ziemlicher Newcomer in unserer Alltagsküche ist. Ich habe mir vorgenommen, ab jetzt öfter nach ihr Ausschau zu halten.

Gesunde Fette wie zum Beispiel von Avocado oder Kokosnuss unterstützen bei der Gewichtsabnahme, anstatt dick zu machen. Eine Studie ergab, dass Probanden, die fünf Wochen lang 34 Prozent ihrer Kalorienzufuhr mit Avocadofett bestritten, am Ende geringere Blutfettwerte hatten als die Vergleichsgruppe, die sich in derselben Zeit fettarm ernährt hatte.

DU SOLLTEST MEHR ESSEN, UM ABZUNEHMEN

Ich leide nicht gern, deshalb halte ich nicht viel von Verzicht. Für mich hat es immer besser funktioniert, etwas Gesundes zu meiner Ernährung hinzuzufügen, anstatt etwas Ungesundes zu streichen. Mit der Zeit haben sich die ungesunden Dinge dann wie von selbst aus meinem Leben verabschiedet. Meine gesündere Version von Süßigkeiten macht mich zum Beispiel so zufrieden, dass ich problemlos auf Schokoriegel aus dem

DIE ANDI-LISTE DER NAHRUNGSMITTEL MIT DEN MEISTEN MIKRONÄHRSTOFFEN:

	ANDI-Punkte
GEMÜSE	
Grünkohl	1000
Mangold	1000
Wasserkresse	1000
Pak Choi/Baby-Pak Choi	865
Chinakohl	714
Spinat	707
Rucola	604
Grüner Salat	585
Chicorée	516
Rettich	502
Rüben	473
Karotten	458
Kürbis	444
Weißkohl	434
Gelbe und orangefarbene Paprika	371
Kohlrabi	352
Brokkoli	340
Blumenkohl	315
Gelbe Kohlrübe	296
FRÜCHTE	
Frische Cranberrys	207
Wassermelone	207
Erdbeeren	182
Brombeeren	171
Himbeeren	133
Blaubeeren	132
Guave	125
Grapefruit	125
Trauben	119
Granatapfel	119
Cantaloupe-Melone	118
Pflaumen	106
Orangen	98
Mandarinen	86
Aprikosen	75

	ANDI-Punkte
KRÄUTER	
Basilikum	518
Koriander	481
Grüne Minze	457
Estragon	426
Oregano	426
Thymian	422
Petersilie	381
Dill	326
Schnittlauch	319
Pfefferminze	293
Lorbeer	271
Rosmarin	84
Zitronengras	55
BOHNEN UND HÜLSENFRÜCHTE	
Edamame	98
Pintobohnen	86
Tofu	82
Adzukibohnen	74
Linsen	72
Limabohnen	69
Kidneybohnen	64
Schwarze Bohnen	61
Kichererbsen	55
SAMEN UND NÜSSE	
Leinsamen	103
Sesam	74
Sonnenblumenkerne	64
Erdnüsse	59
Chiasamen	46
Kürbiskerne	39
Pistazien	37
Esskastanien	34
Haselnüsse	34

TIPP: Lade dir die ANDI-Liste als druckbares PDF im DIN-A4-Format herunter: **www.wellcuisine.net/downloads.**

Supermarkt verzichten kann. Mein grüner Smoothie am Morgen gibt mir einen solchen Energieschub, dass ich gar keine Lust auf ein ungesundes Frühstück habe. Und ein großer Salat zum Mittagessen füllt meinen Magen und erlaubt es mir gleichzeitig, am Nachmittag fit und wach an meinen Projekten weiterzuarbeiten.

Viele Leute lassen Mahlzeiten ausfallen oder essen nur noch halbe Portionen (FDH), wenn sie abnehmen wollen. Das mag nach der alten Kalorienrechnung vielleicht sinnvoll sein, in Wahrheit bringt es aber nichts und macht dir nur unnötig das Leben schwer. Wenn du deinem Körper zu wenig Nahrung gibst, fängt er an zu horten. Er interpretiert die Diät als Hungersnot und setzt alle Stoffwechselvorgänge auf Sparflamme. So verringert er seinen Energiebedarf. Wenn du später wieder normal isst, schlägt jede Kalorie quasi doppelt an, und du nimmst rasch wieder zu. Das ist der bekannte Jo-Jo-Effekt. Deshalb glaube ich, dass du mehr essen solltest, um langfristig abzunehmen. Und zwar vor allem viel Grünes. Eine Empfehlung des ANDI-Erfinders Dr. Fuhrman lautet, täglich 250 Gramm grünes Blattgemüse und 250 Gramm gekochtes grünes Gemüse zu essen. Das ist eine Menge und macht wirklich satt. Mach dir ein leckeres Dressing dazu oder streue geröstete Nüsse darüber oder koch dir eine Portion Quinoa dazu, und du wirst so satt, dass du sowieso nicht viel mehr essen kannst. Das Gute an diesem Prinzip ist, dass es gleich zwei Fliegen mit einer Klappe schlägt: Du kannst damit abnehmen und machst gleichzeitig eine Gesundheitskur für deinen ganzen Körper, denn grünes Gemüse bringt dir gesundheitlich nur Vorteile:

- Es macht deinen Körper basisch. Das ist wichtig, weil ein Überschuss an Säure den Abbau und die Verstoffwechselung von Fetten und Kohlenhydraten blockiert. Außerdem macht Übersäuerung hungrig.

- Grünes Gemüse pflegt deine Darmflora, denn deine guten Darmbakterien lieben seine Ballaststoffe. Wenn es deinen wertvollen Darmbakterien gutgeht, haben störende Bakterien keinen Platz, um sich auszubreiten. Denn wie du im Kapitel »Sei nicht sauer« gelesen hast, gibt es Bakterien, die sogar Ballaststoffe in Fett umwandeln, sobald man ihnen nur genügend Raum lässt.

- Wenn du viel grünes Gemüse isst, machst du keine Diät, sondern eine Frischzellenkur. Während du abnimmst, werden deine Zellen mit einer Vielzahl von Vitaminen, Mineralien und sekundären Pflanzenstoffen genährt. Deine Haut wird besser, dein Haar glänzender, und du bist satt. Wenn das kein guter Deal ist ...

Zur Familie der grünen Blattgemüse zählen alle Gemüsearten und Wildpflanzen, deren Blätter und Stängel gegessen werden können, wie zum Beispiel:

- *Blattsalate (z. B. Chicorée, Feldsalat, Radicchio)*
- *Kohlgemüse (z. B. Brokkoli, Rosenkohl, Chinakohl)*
- *Lauchgemüse (z. B. Bärlauch, Schnittlauch, Porree)*
- *Spinatgemüse (z. B. Spinat, Mangold)*
- *Wildkräuter und Wildsalate (z. B. Brennnessel, Brunnenkresse, Löwenzahn)*

TRINK GRÜN

Grüner Tee hilft nicht nur bei der Gewichtsreduktion, sondern ist auch sehr gesund. Seine hohe Konzentration an Polyphenolen (gehören zu den Antioxidantien) schützt die Zellen vor Schädigungen, verlangsamt den Alterungsprozess und stärkt das Immunsystem. Grüner Tee wirkt stimulierend und enthält gleichzeitig die Aminosäure L-Theanin, die das Nervensystem beruhigt. Dadurch gibt er uns einen sanfteren Energieschub als Kaffee.

Grün ist wirklich deine Farbe der Wahl, wenn du gesund und glücklich abnehmen willst. Nicht nur grünes Essen, sondern auch grüner Tee hilft deinem Körper bei der natürlichen Gewichtsreduktion: Er kurbelt nämlich deinen Stoffwechsel an, so dass dein Körper sogar im Ruhezustand mehr Kalorien verbraucht. Außerdem senkt er den Blutzuckerspiegel und damit auch den Insulinspiegel. Und erst wenn dieser sinkt, baut der Körper Fett ab. Amerikanische Wissenschaftler der Pennsylvania State University fanden im Versuch mit Mäusen heraus, dass die Einnahme von Grüntee zusammen mit regelmäßigem Sport das Körpergewicht innerhalb von vier Monaten um 27 % reduzierte, während die Mäuse weiterhin eine fettreiche Kost bekamen. Das Bauchfett reduzierte sich in derselben Zeit um 36 %, und der Blutzuckerspiegel sank um 17 %. Die Forscher nehmen an, dass die Kombination aus Bewegung und grünem Tee bestimmte Genbestandteile und Enzyme aktiviert, die vor allem den Bauchfettabbau fördern. Und Bauchfett ist tatsächlich ein Problem, und zwar nicht nur aus optischen Gründen: Bauchfett setzt stärker als anderes Körperfett eine vermehrte Produktion von Fettgewebshormonen und Entzündungsfaktoren frei, die unter anderem für Diabetes, Herz-Kreislauf-Erkrankungen und sogar Krebs verantwortlich gemacht werden.

MAGNESIUMMANGEL KANN DICK MACHEN

Wenn du plötzlich stark zunimmst, kann ein Mangel an Magnesium schuld sein. Magnesium reguliert die Produktion von Insulin. Wenn nicht ausreichend Magnesium vorhanden ist, produziert dein Körper zu viel Insulin. Ein Übermaß an Insulin hemmt aber die Fettverbrennung und fördert stattdessen die Speicherung von Energie in Form von Glykogen. Dem kannst du entgegenwirken, indem du magnesiumreiche Nahrungsmittel isst wie Quinoa, Meeresalgen, Kürbiskerne, Mandeln, grünes Blattgemüse, ungeschwefelte Trockenfrüchte und Hülsenfrüchte. Als Nahrungsergänzung bietet sich die Sango Meereskoralle an, die sowohl ein guter Magnesium- als auch Kalziumlieferant ist. Oder du nimmst abends, bevor du ins Bett gehst, das Schüsslersalz Magnesium ein. Das sorgt zusätzlich für einen erholsamen Schlaf.

ACTION STEPS

DIE 12 BESTEN TIPPS FÜR GESUNDES ABNEHMEN

1. Wähle den größten Teil deiner Nahrung aus der ANDI-Liste (siehe **Seite 83**) und iss mindestens zwei große Portionen rohes oder gekochtes grünes Gemüse pro Tag (dein Ziel ist es, 250 g grünes Blattgemüse und 250 g gekochtes grünes Gemüse zu schaffen – ich weiß, das ist eine Menge!). Wähle dazu eine Handvoll Linsen oder rohe Nüsse, um ein angenehmes Sättigungsgefühl zu bekommen.

2. Iss möglichst viele Gemüse und Kräuter, die Bitterstoffe enthalten, denn diese sind natürliche Fatburner und lenken das Nahrungsfett dorthin, wo es hingehört, nämlich zur Fettverbrennung, und nicht zur Einlagerung an Hüfte, Bauch und Po. Reichlich Bitterstoffe enthalten zum Beispiel Rucola, Minze, Rosmarin, Brokkoli, Artischocke, Löwenzahn, Chicorée und Rosenkohl.

3. Iss nur vollwertige Getreideprodukte und nicht mehr als zwei Einheiten pro Tag (eine Einheit entspricht einer Scheibe Vollkornbrot oder einer Beilagenportion Reis)

4. Wenn du Lust auf etwas Süßes hast, dann iss Obst, ungeschwefelte Trockenfrüchte oder mach dir einen Smoothie (siehe Rezepte **Seite 114**). Das stillt die Lust auf Süßes und hat keinen so großen Einfluss auf den Blutzuckerspiegel wie Zucker.

5. Iss regelmäßig. Am besten drei Mahlzeiten pro Tag und zwei bis drei gesunde Snacks. Wenn dein Blutzuckerspiegel nämlich zu stark sinkt, schaltet dein Körper in den Fettspeichermodus.

6. Ersetze öfter mal deine Tasse Kaffee durch einen grünen Tee. Trink am besten ein bis zwei Tassen pro Tag.

7. Bewege dich jeden Tag mindestens eine halbe Stunde. Geh eine halbe Stunde laufen oder kaufe dir ein Trampolin, das du in der Wohnung nutzen kannst. Schon zehn Minuten Hüpfen regen den Stoffwechsel an und helfen beim Entgiften.

8. Trinke mindestens zwei Liter stilles Wasser pro Tag und einfach mal einen Kräuter- oder grünen Tee anstatt Kaffee. Das viele grüne Gemüse wirkt entgiftend, deshalb musst du ausreichend trinken, um die gelösten Giftstoffe auszuspülen.

9. Unterstütze deine Darmflora mit einem guten probiotischen Mittel (siehe Infos auf **Seite 65**).

10. Wenn deine Verdauung träge ist, löffle jeden Morgen in warmes Wasser eingeweichte Flohsamen und geschrotete Leinsamen. Dafür gibst du jeweils einen Teelöffel davon in eine Tasse und füllst sie zur Hälfte mit warmem Wasser auf. Dann wartest du 20 Minuten, löffelst das Ganze langsam und kaust dabei gut. Danach solltest du mindestens ein Glas Wasser trinken, da die Samen sonst die gegenteilige Wirkung haben und Verstopfung erzeugen können.

11. Lerne eine Entspannungstechnik. Wenn du viel Stress hast, neigst du erstens dazu, zu viel und ungesund zu essen, andererseits kann dein Körper nicht gut verdauen, weil er alle Energie für seinen Kampf- oder Flucht-Mechanismus braucht.

12. Achte auf einen guten Magnesiumhaushalt (siehe **Seite 85**).

HEILE DICH SELBST

Mache deine Nahrung zu deiner Medizin und deine Küche zu deiner Apotheke.

Ich bin in einer Familie aufgewachsen, in der die Themen Gesundheit und Heilung zum normalen Alltag gehörten. Als kleines Kind lief ich mal einen ganzen Tag mit einem Stück Röntgenfolie auf der Stirn herum, weil mein Großvater Untersuchungen machte, ob der Körper Licht abgibt (ja, tut er). In der zweiten Klasse bereitete ich für den Schulunterricht eine Präsentation vor, in der ich zeigte, wie man über den Muskeltest Antworten vom Körper über die Verträglichkeit von Nahrungsmitteln bekommt. Das war keine so gute Idee. Noch Jahre später lachten meine Klassenkameraden über meine Darstellung und meine Erklärung, dass mein Großvater eigentlich kein wirklicher Arzt, sondern eher ein Medizinmann sei (das war damals die beste Beschreibung, die mir einfiel).

Wenn jemand in unserer Familie krank war, dann halfen wir uns in der Regel selbst. Wir hatten diverse Methoden, um uns gesundheitlich wieder auf den Damm zu bringen. Über Ernährung wurde in diesem Zusammenhang allerdings wenig gesprochen. Dass Essen krank machen oder heilen kann, entdeckte ich erst später, als ich mit 16 Jahren gesundheitliche Probleme bekam und mir zum ersten Mal keines der Mittel meiner Familie half. Wie auf **Seite 11** beschrieben, heilte ich mich mit einer extremen Umstellung meiner Ernährung selbst. Hatte ich am Anfang meiner Krankheit noch gedacht, dass ich möglichst bald wieder zu meinen früheren Essgewohnheiten zurückkehren würde, war schon bald klar, dass mich mein neuer Weg viel glücklicher machte. Er gab mir das Gefühl, bewusst Einfluss zu nehmen auf meine Gesundheit, und gleichzeitig fühlte ich mich mit meiner neuen Ernährung rein körperlich besser und hatte mehr Energie.

»Derjenige, der Medizin nimmt, aber seine Ernährung nicht umstellt, vergeudet die Fähigkeiten seines Arztes.«

Chinesische Weisheit

Heute ist die Tatsache, dass Essen meine Medizin ist, kein theoretisches Konzept mehr für mich, sondern ist zu meinem Lifestyle und meinem Alltag geworden. Wenn ich krank bin, gehe ich zuerst in die Küche und überlege, was ich meinem Körper Gutes tun kann. Auf meiner Küchentheke stehen Chlorella-Pulver neben Hanfsamen, Kurkuma neben homöopathischen Globuli und Leinsamen neben der Heilerde. Meine Küche ist meine Apotheke, aber auch mein Atelier und mein Versuchslabor. Sie ist mein liebster Raum im Haus. Tatsächlich nehme ich unsere Küche so sehr in Beschlag, dass sich mein Mann manchmal »eine eigene Küche ganz für sich alleine wünscht« – das murmelt er manchmal leise vor sich hin, während er sich zwischen meinen Zetteln, Töpfen und Zutaten Platz schafft, um sich ein Brot zu schmieren.

Die Bezeichnung »Superfood« wurde in den letzten Jahren beinahe schon inflationär genutzt. Was aber macht ein Lebensmittel zu einem Superfood?

1. Es liefert besonders hohe Konzentrationen an Nähr-, Wirk- und Vitalstoffen.

2. Es hat eine heilende Wirkung auf den Körper.

Tatsächlich kann man die meisten pflanzlichen Lebensmittel in ihrer naturbelassenen Form als Superfoods bezeichnen.

ESSEN IST MEDIZIN

Wir Menschen haben uns jahrtausendelang unserer Nahrung bedient, um unseren Körper gesund zu halten oder zu heilen. Selbst die Tiere nutzen die Natur als ihre Apotheke und Essen als ihre Medizin. Wenn meine Hündin Lilly Verdauungsprobleme hat, isst sie Gras und fastet ansonsten. Schimpansen schlucken rauhe Blätter unzerkaut, um gegen Darmparasiten vorzugehen. Afrikanische Waldelefanten fressen regelmäßig ein Tonmineral, das Giftstoffe im Körper bindet, genauso wie die Sansibar-Stummelaffen, die eine Art Kohletablette gegen Gifte zu sich nehmen, indem sie die Holzkohle verbrannter Bäume fressen.

Essen ist nicht nur Medizin, sondern es ist auch die angenehmste Art der Gesundheitsprävention, die ich mir vorstellen kann. Wer isst nicht lieber ein Stück Brokkoli anstatt eine Tablette? Gut zu wissen, wie unsere Nahrung wirkt, um sie dann gezielt für unsere Gesundheit – und unseren Genuss! – einzusetzen. Lass uns also einen kleinen Streifzug durch die verschiedenen Lebensmittelkategorien machen und uns einige der »Superfoods« genauer ansehen.

PROTEINE

Hochwertiges Protein – oder Eiweiß – liefert nicht nur die Bausubstanz für unsere Zellen und für wichtige Glücksbotenstoffe, sondern es reguliert auch unseren Blutzuckerspiegel und sorgt so für ein ausgeglichenes Gemüt. Wenn wir Proteine in jede Mahlzeit integrieren – was nicht sonderlich schwer ist, wie du gleich sehen wirst –, sorgen wir für eine langsamere Abgabe von Glukose in unser Blut und haben damit langfristig Energie. Mein Mann isst zum Beispiel gerne Fleisch oder Fisch, weil ihm beide das Gefühl geben, wirklich satt zu werden und nicht eine Stunde später wieder Hunger zu haben. Ein ähnliches Gefühl stellt sich allerdings auch ein, wenn wir hochwertiges pflanzliches Protein in jede Mahlzeit integrieren.

Hochwertige Proteine sind vor allem deshalb lebenswichtig für uns, weil sie acht essenzielle Aminosäuren liefern, die unser Körper nicht selbst bilden kann. Sie sind der Rohstoff, aus dem der Körper sein eigenes Eiweiß herstellt. Je vollständiger und ausgewogener die Aminosäuren in einem Nahrungsmittel sind, desto wertvoller sind sie für unseren Körper. Um diese wichtigen Substanzen aufzunehmen, müssen wir nicht zwingend tierisches Eiweiß essen, denn sie sind auch in pflanzlicher Nahrung reichlich enthalten. Sowohl Getreide, Nüsse und Samen als auch Gemüse und Obst sind wunderbare Quellen für unseren Eiweißbedarf. Dieser ist ohnehin gar nicht so groß, wie allgemein angenommen wird. Experten sind sich nicht ganz einig und empfehlen zwischen 0,8 und 2 g Protein je kg Körpergewicht am Tag. Das wären bei einer 70 kg wiegenden Person zwischen 56 und 120 g Protein.

Dieses sind die besten pflanzlichen Proteinquellen:

- Bohnen, Linsen, Kichererbsen, Sojabohnen und frische Erbsen
- Kürbiskerne, Sonnenblumenkerne und Sesam
- Mandeln, Walnüsse und rohe Erdnüsse
- Chia- und Hanfsamen
- Hafer, Gerste und gekeimtes Getreide
- Quinoa und Amaranth
- Spirulina- und Chlorella-Algen
- Grünes Blattgemüse

So viel Protein ist in pflanzlichen Lebensmitteln pro 100 Gramm enthalten:

Spirulina-Alge =	*65 Gramm*
Hanfsamen =	*33 Gramm*
Kürbiskerne =	*32 Gramm*
Leinsamen =	*22 Gramm*
Chiasamen =	*21 Gramm*
Cashewkerne =	*21 Gramm*
Sesam =	*20 Gramm*
Kichererbsen =	*20 Gramm*
Mandeln =	*18 Gramm*
Sesam =	*15 Gramm*
Quinoa =	*14,7 Gramm*
Dinkelvollkornmehl =	*12,4 Gramm*

PROTEINREICHE SUPERFOODS

MANDELN REGULIEREN DEN BLUTZUCKERSPIEGEL

Mandeln sind eines der ältesten Superfoods der Welt und eine tolle Proteinquelle. Im Gegensatz zu tierischem Eiweiß wirken Mandeln basisch auf den Körper, deshalb können wir auch so viel davon essen, wie wir wollen. Noch nicht einmal vor ihrem Fettgehalt müssen wir Angst haben, denn neue wissenschaftliche Studien haben ergeben, dass der tägliche Verzehr von Mandeln sogar beim Abnehmen helfen soll. Wenn wir 60 bis 80 g Mandeln pro Tag über längere Zeit einnehmen, haben sie eine erstaunliche Wirkung auf unsere Gesundheit:

- Sie verbessern die Insulinsensitivität des Körpers und beugen so Diabetes vor.
- Sie führen zu gesunden Cholesterinwerten.
- Sie erhöhen die Knochendichte.
- Sie senken den Blutdruck.
- Sie pflegen die Darmflora.

Kaltgepresstes Mandelöl ist eines der besten Mittel für die Gesichts- und Körperpflege. Das in Mandeln vorkommende Vitamin E ist ein kraftvolles Antioxidans und hilft beim Schutz und bei der Erneuerung der Hautzellen.

Rezepte mit Mandeln findest du auf **Seite 143, 152** und **246**.

QUINOA MACHT GLÜCKLICH

Quinoa ist wahrscheinlich einer der besten pflanzlichen Eiweißlieferanten, denn es enthält alle acht essenziellen Aminosäuren und ähnelt in deren Zusammensetzung einem (rohen) Rindersteak. Quinoa stammt aus Südamerika und wird dort schon seit 6000 Jahren angebaut. Es sieht zwar aus wie ein Getreide, gehört aber zur Familie der Fuchsschwanzgewächse, genauso wie Rote Bete und Spinat. Da es kein Gluten enthält, ist Quinoa eine gute Alternative für Allergiker. Es liefert viele wichtige Mineralstoffe, Vitamine und Nährstoffe, die auf den Körper wie eine potente Medizin wirken:

- Mangan und Kupfer im Quinoa schützen die roten Blutkörperchen vor Freien Radikalen.
- Der hohe Magnesiumgehalt entspannt die Blutgefäße und hilft gegen Migräne und Muskelverspannungen.
- Die Aminosäure Tryptophan hilft bei der Herstellung des Glückshormons Serotonin und sorgt für gute Stimmung.
- Die Aminosäure Lysin repariert zerstörtes Bindegewebe.

Quinoarezepte findest du auf **Seite 172** und **218**.

KÜRBISKERNE STÄRKEN DEN URO-GENITAL-TRAKT

Kürbiskerne machen glücklich, da sie viel Serotonin förderndes Tryptophan enthalten. Sie helfen außerdem aktiv bei typischen Männer- und Frauenkrankheiten. Sie stärken die Blase und die Harnwege und helfen bei vergrößerter Prostata. Als Prävention oder begleitende Therapiemaßnahme nimmst du täglich dreimal einen Teelöffel kaltgepresstes Kürbiskernöl oder dreimal eine kleine Handvoll Kürbiskerne ein.

Kürbiskernrezepte findest du auf **Seite 140, 146** und **176**.

SESAM HÄLT DIE KNOCHEN STABIL

Sesam ist einer der potentesten Samen überhaupt. Er kommt in den Farben hellbraun und schwarz vor, wobei die Urform des Samens schwarz ist. Er ist nicht nur eine sehr hochwertige Eiweißquelle, weil er über alle essenziellen Aminosäuren verfügt, sondern er liefert auch die Mineralstoffe Kalzium und Magnesium in einem optimalen Verhältnis, so dass unser Körper beide Stoffe gut aufnehmen kann. Im Vergleich zu Milch enthält Sesam mehr als sechsmal so viel Kalzium, das für den Aufbau von Knochen, Gelenken und Zähnen benötigt wird. Er ist daher optimal für die Osteoporose-Prophylaxe geeignet und als begleitende Behandlung bei Arthrose. Verwenden wir den Sesam in roher Form und wässern ihn für ein paar Stunden, bevor wir ihn zu uns nehmen (zum Beispiel in Form von Sesammilch wie im Rezept auf **Seite 246**), kann unser Körper die Mineralstoffe noch effizienter aufnehmen. Die Vitamine E und B im Sesam sorgen für einen guten Zellstoffwechsel und verbessern unsere geistige und körperliche Leistungsfähigkeit, weil sie den Energietransport in jede Zelle unterstützen.

Sesamrezepte findest du auf **Seite 128**, **132**, **149**, **157**, **183** und **218**.

HANFSAMEN WIRKEN ENTZÜNDUNGSHEMMEND

Die kleinen Samen des Hanfs liefern nicht nur hochwertiges Eiweiß, sondern sind darüber hinaus eine der besten pflanzlichen Quellen für Vitamin B_2, das Augen und Haut pflegt. Ihr optimales Verhältnis von Omega-6- zu Omega-3-Fettsäuren lassen Hanfsamen entzündungshemmend wirken. Deshalb ist es vor allem bei chronischen Erkrankungen empfehlenswert, täglich zwei bis drei Esslöffel Hanfsamen zu essen (zum Beispiel im Müsli oder im Smoothie) oder Salate mit Hanföl anzumachen.

Hanfsamenrezepte findest du auf **Seite 114**.

SPIRULINA-ALGEN UNTERSTÜTZEN DAS IMMUNSYSTEM

Spirulina-Algen bieten die höchste Konzentration an Nährstoffen, die bisher in einem Nahrungsmittel gefunden wurde. Sie bestehen zu 60 % aus pflanzlichem Eiweiß und enthalten eine Vielzahl an wertvollen Nährstoffen. Vor allem stärkt Spirulina das Immunsystem mit einem breiten Mix aus Antioxidantien und unterstützt den Körper sogar bei der Reparatur seiner DNA. Es erhöht die Produktion von Antikörpern und wird deshalb als begleitende Therapie bei chronischen und akuten Viruserkrankungen wie Grippe, Herpes und sogar Aids eingesetzt. Die Nährstoffkonzentration der Algen ist so hoch, dass sie von Experten als Ausweg aus der Nahrungsmittelkrise gesehen werden. So erzeugt Spirulina im Vergleich zu Rindfleisch 200-mal mehr Eiweiß pro Anbaufläche. Spirulina-Rezepte findest du auf **Seite 114** und **253**.

TIPP: Achte beim Kauf von Spirulina-Pulver unbedingt auf Bio-Qualität.

CHLORELLA-ALGEN ENTGIFTEN

Es gibt kein Lebensmittel mit einem höheren Anteil an Chlorophyll als Chlorella. Daher auch die tiefgrüne Farbe der Alge. Chlorophyll stimuliert die Bildung roter Blutkörperchen und reinigt das Blut; es aktiviert den Stoffwechsel und unterstützt den Körper bei sämtlichen Heilungsprozessen. Chlorella liefert dem Körper 60 % leicht verdauliches Eiweiß, das dieser in hohem Maße für die Bildung körpereigenen Proteins nutzen kann. Ihre besondere Bekanntheit verdankt Chlorella ihrer entgiftenden Wirkung. Eine Fülle unverdaulicher Ballaststoffe in ihrer Zellwand nehmen Schadstoffe im Darm auf und scheiden sie über den Stuhl aus. Chlorella enthält darüber hinaus eine Vielzahl an Vitaminen und Mineralien sowie wichtige Fettsäuren, die Bakterien, Viren und Parasiten abtöten. Damit ist die Nähr- und Vitalstoffzusammensetzung der Alge so optimal, dass sie unseren Körper gleichzeitig entgiftet, aufbaut und beschützt.

TIPP: Kaufe dir Chlorella-Algen in Pulverform und in Bio-Qualität und mixe einen Teelöffel davon in einen grünen Smoothie (siehe Rezept auf **Seite 114**).

KOHLENHYDRATE

Die typische Ernährungsweise der westlichen Welt enthält extrem viele stark verarbeitete Kohlenhydrate: ein Weißbrötchen zum Frühstück, ein Sandwich zum Mittagessen, Kekse und Schokolade am Nachmittag und Pasta zum Abendessen. Diese Ernährung erzeugt eine große Menge Glukose im Körper. Diese wird in der Leber und in den Muskeln in Form von Glykogen gespeichert, um als Energiereserve zur Verfügung zu stehen. Ist bei derart großen Mengen Zucker die Speicherkapazität von Leber und Muskeln erschöpft, lagert unser Körper die Reste in Fettdepots ab – und wir nehmen zu.

Kohlenhydrate sind die Kinder der Sonne. Sie entstehen in der Pflanze aus der Verbindung von grünem Pflanzenfarbstoff (Chlorophyll) und Sonnenenergie (Kohlenstoff und Wasserstoff). Es ist also nicht verwunderlich, dass sie reine Energieträger sind. Kohlenhydrate finden sich in Getreide, Nüssen, Samen, Hülsenfrüchten, Früchten und Gemüse wieder. Im Körper werden Kohlenhydrate in Glukose zerlegt, die unser wichtigster Energieträger ist und insbesondere unser Gehirn und unsere Muskeln versorgt.

In den letzten Jahren sind Kohlenhydrate in Verruf geraten. »Low Carb«-Diäten waren plötzlich der letzte Schrei, und jede Frauenzeitschrift schrieb darüber. Und es stimmt auch: Ein Übermaß an – vor allem raffinierten – Kohlenhydraten macht dick. Letztlich entscheidet aber die Art der Kohlenhydrate, ob sie unsere Gesundheit fördern oder uns dick und krank machen.

Was macht ein kohlenhydrathaltiges Lebensmittel also besser als das andere? Wichtig ist vor allem, dass es wenig verarbeitet wurde und dadurch noch »komplexe« Kohlenhydrate enthält. Komplex sind sie deshalb, weil sie mehr Fasern – oder Ballaststoffe – enthalten, welche die Umwandlung des Kohlenhydrats in Glukose verlangsamen. Dadurch lässt es auch den Blutzuckerspiegel nur langsam ansteigen und sorgt so im Körper für lang anhaltende Energie.

Die Fähigkeit von Nahrung, unseren Blutzuckerspiegel ansteigen zu lassen, wird mit dem glykämischen Index angegeben. Je stärker und schneller ein Lebensmittel unseren Blutzuckerspiegel ansteigen lässt, desto höher ist sein glykämischer Wert, und desto schlechter ist es für unsere Gesundheit.

Dies sind kohlenhydratreiche Lebensmittel, die wirklich gut für uns sind:

- **GEMÜSE:** Blumenkohl, Brokkoli, Erbsen, Karotten, Kürbis, Süßkartoffeln, Zucchini u. a.
- **OBST:** Äpfel, Aprikosen, Ananas, Bananen, Birnen, Brombeeren, Erdbeeren, Heidelbeeren, Himbeeren, Kirschen, Mangos, Papaya, Pfirsiche, Nektarinen u. a.
- **GETREIDE UND KÖRNER:** Amaranth, Buchweizen, Dinkel, Hafer, Hirse, Gerste, Kamut, Quinoa, Reis, Roggen u. a.
- **HÜLSENFRÜCHTE:** Bohnen, Kichererbsen, Linsen u. a.
- **SAMEN:** Chiasamen, Leinsamen, Flohsamen u. a.

KOHLENHYDRATHALTIGE SUPERFOODS

BROKKOLI SCHÜTZT VOR KREBS

Brokkoli wird für die Prävention und Therapie von Krebs eingesetzt, da er im Körper die Bildung eines Stoffes anregt, der Krebs vorbeugen und sogar bestehenden Krebs bekämpfen kann. Darüber hinaus enthält er selbst den Wirkstoff Sulforaphan, der antioxidativ wirkt und ebenfalls vor Krebs, aber auch vor Alzheimer und Arthritis schützt. Um die heilende Wirkung von Brokkoli voll auszukosten, sollte er am besten nur leicht gedämpft gegessen werden. Dämpfen verstärkt sogar seine krebsbekämpfende Wirkung. Besonders gut ist es, Brokkoli mit Rucola oder Senf zu kombinieren, da beide dieselben antikanzerogenen Stoffe wie Brokkoli beinhalten und seine Heilkraft noch verstärken.

Rezepte mit Brokkoli findest du auf **Seite 215**.

SÜSSKARTOFFELN UNTERSTÜTZEN DAS HERZ

Süßkartoffeln schmecken nicht nur toll und sind in der Küche unglaublich vielseitig verwendbar (siehe Rezepte auf **Seite 157**, **208** und **217**), sie sind auch prall gefüllt mit Vitalstoffen. Das amerikanische »Center for Science in the Public Interest« bezeichnet sie als eines der nährstoffreichsten Gemüse überhaupt. Auf unsere Gesundheit haben sie viele positive Auswirkungen. Unter anderem diese:

- Ihr hoher Kaliumgehalt schützt das Herz, hilft bei Muskelkrämpfen und lindert Stresssymptome.
- Trotz ihres süßen Geschmacks regulieren sie den Blutzuckerspiegel und beugen Diabetes vor.
- Sie wirken entzündungshemmend durch ihre große Anzahl an Antioxidantien.
- Sie beinhalten natürliche Folsäure (Folat), was für Frauen mit Kinderwunsch und Schwangere relevant ist.

ÄPFEL SENKEN DEN CHOLESTERINSPIEGEL

Wenn die Leber Cholesterin produziert, wird ein großer Teil davon in den Magen-Darm-Trakt geleitet; von dort gelangt das Cholesterin in den Blutkreislauf. Äpfel enthalten den Stoff Pektin, der Cholesterin im Verdauungstrakt bindet und hinausbefördert. Dadurch wird das Cholesterinniveau des gesamten Körpers gesenkt. Äpfel wirken außerdem entzündungshemmend im Bereich der Lunge und helfen so bei Beschwerden wie Asthma und Entzündungen der Atemwege.

Rezepte mit Äpfeln findest du auf den **Seiten 110**, **115**, **151**, **230** und **243**.

HEIDELBEEREN BEUGEN ARTERIOSKLEROSE VOR

Arteriosklerose, die Verengung der Blutgefäße durch Ablagerungen, ist eine der Haupttodesursachen in Deutschland und den meisten Industrieländern. Studien haben neuerdings bewiesen, dass der regelmäßige Verzehr von Heidelbeeren die Ablagerungen in den Arterien verhindert oder sogar zurückbildet.

PAPAYA HILFT BEI MAGEN-DARM-BESCHWERDEN

Papaya hilft bei Blähungen, Magenverstimmungen und Verstopfung. Das Papaya-Enzym Papain unterstützt den Körper bei der Aufspaltung von Eiweißen und kann so für eine bessere Verdauung eingesetzt werden. Außerdem ist es wirkungsvoll bei der Behandlung von Darmparasiten und soll laut neuesten Studien sogar bei der Heilung von Magengeschwüren helfen. Papain ist ein so wertvoller Stoff, dass er auch in Wundsalben und in der Schönheitspflege eingesetzt wird. Dort wirken seine entzündungshemmenden Eigenschaften der Hautalterung entgegen (siehe **Seite 250**).

Rezepte mit Papaya findest du auf **Seite 113**.

BOHNEN HELFEN DER VERDAUUNG

Bohnen liefern größere Mengen an Ballaststoffen als jedes andere Gemüse. Damit sorgen sie für eine gute Verdauung, da die Ballaststoffe im Verdauungstrakt anschwellen und so die Info geben, dass eine Entleerung nötig ist. Außerdem nähren sie die guten Darmbakterien und tragen zu einem Klima bei, in dem diese gut gedeihen können. Die Bakterien fermentieren die Ballaststoffe der Bohnen und generieren dabei eine entzündungshemmende Substanz, die auch vor abnormem Zellwachstum schützt, das zu Krebs führen kann. Studien haben ergeben, dass der Verzehr von Bohnen vor Darmkrebs schützt und bei Männern auch das Risiko, an Prostatakrebs zu erkranken, erheblich mindert.

Rezepte mit Bohnen findest du auf **Seite 213** und **221**.

DINKEL NÄHRT UND BAUT AUF

Bereits vor 8000 Jahren soll Dinkel von den Ägyptern angebaut worden sein. Dinkel ist ein Verwandter des Weizens, der Allergikern normalerweise viel besser bekommt. Da er Kunstdünger nicht verträgt und äußerst robust ist, benötigt er keine künstlichen Pflanzenschutzmittel und Fungizide und hat dadurch in der Regel deutlich weniger chemische Rückstände als der Weizen. Gleichzeitig enthält er weitaus weniger Gluten als Weizen, da er im Unterschied zu diesem nicht extra hochgezüchtet wurde. Dinkel hat ein sehr ausgewogenes Nährstoffprofil mit hohem Protein- und Vitamingehalt. Sogar als Weißmehl beinhaltet Dinkel noch mehr Nährstoffe als Weizenmehl. Bereits Hildegard von Bingen empfahl Dinkel als heilendes und aufbauendes Grundnahrungsmittel. Einer ihrer Entdecker, Dr. Gottfried Hertzka, war anscheinend ebenso von der Heilwirkung des Dinkels überzeugt und sagte einmal: »Wenn ich jemals Krebs bekäme, würde ich mich mit einem Sack voll Dinkel und etwas Salz auf eine Alp zurückziehen und nur von Dinkel und Wasser leben. Dann würde man sehen, wer der Stärkere ist, ich oder der Krebs.« Nichts anderes als vorzeitig geernteter Dinkel ist übrigens der Grünkern. Seine Nährstoffe sind besonders gut verfügbar, und er hat eine anregende Wirkung auf den Stoffwechsel und die Nerven.

Rezepte mit Grünkern findest du auf **Seite 176**, Rezepte mit Dinkelmehl auf den **Seiten 117, 122, 128, 140, 205, 213, 221, 222** und **230**.

HAFER BERUHIGT DIE NERVEN

Hafer ist eine der gesündesten und nährstoffreichsten Getreidearten und wird von den meisten Menschen gut vertragen. Er ist ein widerstandsfähiges Gewächs, und diese Eigenschaft scheint er auch auf unseren Körper und unsere Psyche zu haben. Hafer enthält eine hohe Menge Biotin und Zink, die im Zusammenspiel für kräftiges Haar, gesunde Haut und feste Nägel sorgen. Unsere Psyche profitiert von seinem hohen Gehalt an B-Vitaminen, die die Nerven stärken.

Rezepte mit Hafer findest du auf den **Seiten 118, 122, 128, 140, 149, 218, 247** und **250**.

LEINSAMEN WIRKEN ENTZÜNDUNGSHEMMEND

Durch ihr hohes Niveau an Omega-3-Fettsäuren fördern Leinsamen die Produktion entzündungshemmender Stoffe im Körper. Außerdem enthalten sie Lignane, pflanzliche Stoffe, die höchst wirksam gegen Brustkrebs sind. Sie machen das Gewebe resistenter und verringern bei bereits bestehenden Tumoren die Geschwindigkeit des Wachstums und die Bildung von Metastasen. Die in Leinsamen enthaltenen Ballaststoffe senken darüber hinaus das Darmkrebsrisiko.

Rezepte mit Leinsamen findest du auf den **Seiten 110, 122, 140** und **149**.

FETTE

Wirklich schädliche Fette sind chemisch gehärtete Öle, die sogenannten Transfette. Sie werden in den meisten Fast Foods verarbeitet, weil sie so billig und lange haltbar sind. Eine Studie der Universität Jena fand heraus, dass in Fertig-Blätterteig, Chips, abgepackten Keksen und Backmargarine die meisten Transfette enthalten sind.

Fette waren lange Zeit verpönt und gefürchtet und sind es teilweise heute noch. Unser Körper braucht aber gute Fette, um gesund zu bleiben. Nicht nur benötigt jede unserer Körperzellen Fett, um daraus ihre Zellmembran aufzubauen, auch unser hormonelles Gleichgewicht ist auf Fette angewiesen. Unsere Haut, unser Haar und unsere Nägel benötigen Fett, um elastisch und gesund zu bleiben, und sogar einige Stoffe aus unserer Nahrung brauchen die Beigabe von Fett, damit der Körper sie überhaupt aufnehmen kann (zum Beispiel das Betacarotin in Karotten sowie die fettlöslichen Vitamine A, D, E, und K). Eine fettarme Ernährung kann also zu unangenehmen körperlichen Symptomen führen.

Fette bestehen aus Fettsäuren, die man grob in drei Gruppen einteilen kann:

GESÄTTIGTE FETTSÄUREN sind bei Zimmertemperatur fest und schmelzen erst bei höheren Temperaturen. Sie können hoch erhitzt werden. Zu dieser Gruppe der Fette gehören Kokosöl, Butter und Palmöl. Lange Zeit standen die gesättigten Fettsäuren unter dem Verdacht, schlecht für die Blutgefäße zu sein und Herz-Kreislauf-Erkrankungen zu begünstigen. Das war einer der Gründe für den Light-Wahn, der einem Produkt wie Margarine zum Erfolg verholfen hat. Unser Körper ist auf gesättigte Fettsäuren zwar nicht angewiesen, da er sie selbst herstellen kann, tatsächlich ist aber die Membran unserer Zellen sowohl aus gesättigten als auch aus ungesättigten Fettsäuren aufgebaut. Untersuchungen an kerngesunden Völkern in abgelegenen Ecken der Erde, die vor allem gesättigte Fettsäuren in Form von selbstgemachter Butter oder Kokosfett zu sich nahmen, legten die Vermutung nahe, dass die Qualität der Fette – genauso wie die Menge und die sonstige Ernährungsweise – ganz entscheidend für ihre Verträglichkeit ist.

Normale Margarine besteht aus chemisch gehärteten Ölen. Eine Ausnahme bilden einige Marken aus dem Bio-Laden oder Reformhaus. Diese verwenden ungehärtete pflanzliche Fette, die bei Zimmertemperatur von Natur aus fest sind (zum Beispiel Palmöl oder Kokosfett).

EINFACH UNGESÄTTIGTE FETTSÄUREN sind bei Zimmertemperatur flüssig, können aber im Kühlschrank fest werden. Gute Quellen sind Olivenöl und Avocados. Einfach ungesättigte Fettsäuren lassen sich auf 180 Grad erhitzen, jedoch sollte diese Temperatur nicht überschritten werden, da sich die Fettsäuren ansonsten verändern und gesundheitsschädlich werden.

MEHRFACH UNGESÄTTIGTE FETTSÄUREN bleiben bei Zimmertemperatur und im Kühlschrank flüssig. Man sollte sie nicht erhitzen, da sie dadurch beschädigt und ungesund werden. Zu der Gruppe der mehrfach ungesättigten Fettsäuren gehören die meisten Pflanzenöle wie Sonnenblumenöl, Distelöl, Weizenkeimöl, Leinöl und Hanföl. Man findet sie aber auch in Nüssen wie Mandeln oder Walnüssen, in Samen und in fettem Meeresfisch.

FETTHALTIGE SUPERFOODS

AVOCADO ERHÖHT DIE VITAMINAUFNAHME

Die Avocado ist zusammen mit der Olive die fetthaltigste Frucht. Und das ist gut so, denn ihr Fett ermöglicht es unserem Körper, bestimmte Vitamine und Mineralstoffe (unter anderem Vitamin A, Vitamin D, Vitamin E, Vitamin K und Kalzium) um 50 bis 100 % besser zu absorbieren. Wenn du dir also eine halbe Avocado in deinen Frühstückssmoothie mixt, erhöhst du die Aufnahme bestimmter Nährstoffe um mindestens das Doppelte.

Avocados haben einen hohen Anteil Vitamin E, das vor Zellschäden schützt und die Haut jung hält. Vitamin E sorgt außerdem dafür, dass das Blut nicht verklumpt, und schützt so vor Herzinfarkt und Schlaganfall.

Rezepte mit Avocado findest du auf den **Seiten 114, 115, 135, 217, 222, 253** und **258**.

KOKOSÖL WIRKT KEIMTÖTEND

Natives Kokosöl besteht aus mittelkettigen Fettsäuren. Diese werden vom Körper anders verstoffwechselt als normale Fette. Sie sind leichter verdaulich und werden, anstatt in den Fettdepots zu landen, für die Energiegewinnung genutzt. Das ist der Grund, warum Kokosöl nicht dick macht, sondern – ganz im Gegenteil – schlank. Darüber hinaus wirkt Kokosöl keimtötend und heilt sowohl innerlich als auch äußerlich Pilz-, Virus- und bakterielle Infektionen. Es kann übrigens auch sehr gut im Intimbereich verwendet werden und ist ein viel besseres Gleitmittel als jedes synthetische Gel aus dem Drogeriemarkt.

Kokosöl verwende ich in einer Vielzahl meiner Rezepte. Da es die Haut so wunderbar pflegt, nutze ich es auch für Peelings, die die Haut babyzart machen (siehe **Seite 257**).

OLIVENÖL SCHÜTZT VOR ENTZÜNDUNGEN

Wissenschaftler haben herausgefunden, dass die in nativem Olivenöl enthaltenen Polyphenole (sekundären Pflanzenstoffe) 100 Gene unterdrücken, die für die Entstehung von Entzündungen zuständig sind. Der Großteil dieser Gene steht mit Erkrankungen wie Diabetes, Übergewicht, Bluthochdruck und Herzerkrankungen im Zusammenhang. Sein hoher Gehalt an Vitamin E und Antioxidantien verzögert außerdem den Alterungsprozess der Zellen, besonders auch der Hautzellen, wenn das Olivenöl äußerlich aufgetragen wird. Direkt nach dem Sonnenbaden in die Haut einmassiert, schützt es angeblich sogar vor Hautkrebs.

WALNÜSSE BEUGEN ALZHEIMER VOR

Walnüsse haben einen sehr hohen Gehalt an Antioxidantien und Omega-3-Fettsäuren, die beide die Zellen vor Freien Radikalen schützen und Entzündungen vorbeugen oder sie heilen. Diese Wirkung ist wahrscheinlich auch dafür verantwortlich, dass Walnüsse bei der Prävention oder Verbesserung der Alzheimer-Erkrankung helfen. Forscher gehen davon aus, dass die Eiweißablagerungen im Gehirn, die letztlich zu Alzheimer führen, von Freien Radikalen ausgelöst werden. In Studien zeigte sich, dass die Einnahme von Walnüssen weitere Ablagerungen im Gehirn zu 90 % verhinderte und sogar bereits bestehende Ablagerungen wieder abbaute. Auch bei gesunden Menschen erhöhen Walnüsse die Gedächtnis- und Konzentrationsleistung. Für eine gute Heilwirkung sollten täglich 30 bis 45 Gramm rohe Walnüsse gegessen werden.
Rezepte mit Walnüssen findest du auf den Seiten 122, 158, 197 und 232.

Teil 2

wellCUISINE

Die Rezepte

DIE VORBEREITUNG

Vorbereitung ist alles, wenn es darum geht, gut und gesund zu kochen und zu essen. Deshalb solltest du ein paar Basisvorräte und das ein oder andere Werkzeug zu Hause haben, um dann spontan und ohne große Vorbereitung mit dem Kochen loszulegen.

KÜCHENZUBEHÖR

STANDMIXER

Ein guter Mixer ist für die gesunde Küche unerlässlich, und ich benutze meinen täglich. Du kannst damit kalte und warme Suppen zubereiten, rohe Desserts zaubern, cremige Smoothies machen und vieles mehr. Für einen guten Mixer kannst du sehr viel Geld ausgeben, musst du aber nicht. Ich empfehle, einen Mixer mit mindestens 800 Watt Leistung zu kaufen. Den bekommst du für knapp unter 100 Euro. Ich selbst habe genau so ein Exemplar und bin schon lange sehr zufrieden damit.

KÜCHENMASCHINE

Mit meiner kleinen Küchenmaschine zerkleinere ich Nüsse, verarbeite Haferflocken zu Mehl und mache Avocadocreme. Sie kommt immer dann zum Einsatz, wenn die zu zerkleinernde Masse wenig Flüssigkeit enthält oder ganz trocken ist, denn damit kommen die meisten Mixer nicht zurecht.

SPIRALSCHNEIDER

Ein Spiralschneider ist kein Muss, macht aber Spaß. Damit kannst du aus Zucchini, Roter Bete und anderen Gemüsesorten Nudeln zubereiten (siehe Rezepte auf den **Seiten 161** und **180**). Ich empfehle den Kauf eines Spiralschneiders mit Kurbel, da die Varianten in Trichterform nur bei schmalen Gemüseformen (Zucchini oder Karotten) gut funktionieren.

DIGITALE KÜCHENWAAGE

Ich habe lange Zeit recht altmodische Küchenwaagen benutzt und mir erst vor ungefähr zwei Jahren eine digitale gekauft. Jetzt ärgere ich mich, dass ich das nicht früher getan habe, denn es ist so viel einfacher, präzise zu arbeiten, wenn man das Gewicht der Zutaten aufs Gramm genau abwiegen kann. Gerade beim Backen ist das eigentlich unverzichtbar. Zudem bekommst du eine ordentliche digitale Küchenwaage bereits für knapp unter 20 Euro.

NUSSMILCHBEUTEL ODER FEINES SIEB

Selbstgemachte Nuss-, Sesam- und Hafermilch ist für mich der größte Luxus. Sie ist nicht nur viel billiger als die Variante aus dem Tetrapak, sondern hat auch ein besseres Aroma und schmeckt eben einfach frischer. Alles, was du für die Zubereitung von pflanzlicher Milch brauchst, sind ein Mixer und ein Nussmilchbeutel oder feines Sieb (Rezepte siehe **Seite 246** bis **247**). Nussmilchbeutel bekommst du in den meisten Bio-Läden oder im Internet.

BASISZUTATEN

FETTE:

- Kokosöl, nativ
- Olivenöl, kaltgepresst
- Sesamöl, geröstet

KÖRNER/REIS/NUDELN:

- Basmatireis
- Quinoa
- Spaghetti und Makkaroni (z. B. aus Dinkel, Kamut oder Quinoa)
- Haferflocken
- Buchweizen, ganzes Korn

SÜSSUNGSMITTEL:

- Ahornsirup, Grad A
- Medjool-Datteln, getrocknet
- Honig

MEHL/BACKTRIEBMITTEL/SPEISESTÄRKE:

- Dinkelvollkornmehl und Dinkelmehl, Type 1050
- Vollkornreismehl
- Mandeln, gemahlen
- Weinstein-Backpulver
- Bio-Trockenhefe
- Apfelmus
- Bio-Maisstärke

SAMEN/KERNE/NÜSSE:

- Mandeln
- Cashewkerne
- Kürbiskerne
- Chiasamen
- Leinsamen, gemahlen

ESSIG:

- Apfelessig, naturtrüb

HÜLSENFRÜCHTE:

- Belugalinsen
- Rote Linsen
- Kichererbsen aus dem Glas

MILCH/MUS:

- Mandelmilch, ungesüßt
- Kokosmilch
- Mandelmus
- Tahini/Sesammus

GEWÜRZE:

- Himalaja-Salz oder unbehandeltes Meersalz
- Fleur de Sel
- Schwarze Pfefferkörner inkl. Pfeffermühle
- Paprikapulver, edelsüß
- Kurkumapulver
- Ingwerpulver
- Zimtpulver
- Kardamompulver
- Korianderpulver

GEMÜSE:

- Avocado
- Rote Zwiebeln
- Frühlingszwiebeln
- Knoblauch
- Kartoffeln, festkochend
- Süßkartoffeln
- Kürbis
- Karotten
- Zucchini
- Tomaten
- Gurken
- Babyspinat

OBST:

- Äpfel
- Bananen
- Papaya
- Beeren (frisch oder tiefgekühlt)
- Bio-Orangen, unbehandelt
- Bio-Zitronen, unbehandelt

INFO

Die folgenden Symbole findest du über jeder Rezeptüberschrift:

V = Dieses Symbol bedeutet, dass das Gericht vegan ist.

GF = Dieses Symbol bedeutet, dass das Gericht glutenfrei ist oder problemlos modifiziert werden kann.

FRÜHSTÜCK

V GF

ERDBEER-PANCAKES

Diese Pancakes sehen vielleicht aus wie die schlimmste Sünde, in Wahrheit sind sie aber ganz und gar unschuldig. Sie sind mit Banane gesüßt, enthalten kein Gluten und schmecken einfach wunderbar. Sie verstehen sich ausgezeichnet mit der Erdbeersauce, aber wenn Erdbeeren gerade nicht verfügbar sind, kannst du sie ebenso gut mit warmen Zimtäpfeln oder Blaubeeren und etwas Ahornsirup servieren.

Den Backofen auf 100 °C vorheizen, einen großen Teller hineinstellen und den Ofen nach ca. 5–10 Minuten wieder ausschalten. Darin kannst du später die fertigen Pancakes warm halten.

Für die Erdbeersauce Erdbeeren und Ahornsirup im Mixer glatt pürieren. In eine kleine Schüssel füllen und beiseitestellen. Die Erdbeeren zum Servieren je nach Größe in Hälften oder Viertel schneiden und ebenfalls beiseitestellen.

Alle Zutaten für die Pancakes im Mixer oder in der Küchenmaschine glatt pürieren. Eine Pfanne erhitzen, 1 TL Kokosöl hineingeben und jeweils zwei Pancakes darin anbraten. Pro Pancake etwa 3 EL Teig in die Pfanne geben und auf beiden Seiten je 2 Minuten braten, bis der Teig gebräunt ist. Ganz vorsichtig umdrehen, damit der Teig nicht zerfällt (eine gut beschichtete Pfanne ist wichtig, damit der Teig nicht anklebt), und 1–2 Minuten anbraten, bis auch diese Seite gebräunt ist. Die fertig gebackenen Pancakes im Ofen warm halten, bis alle gebacken sind. Mit Erdbeersauce und Erdbeeren auf zwei Tellern anrichten und servieren.

Für 2 Personen (ergibt 4–5 Pancakes):

Du brauchst:
Mixer oder Küchenmaschine
Eine beschichtete Pfanne

Für die Erdbeersauce:
150 g Erdbeeren
30 ml Ahornsirup

Zum Servieren:
150 g Erdbeeren

Für die Pancakes:
100 g Vollkornreismehl
1 Banane (ca. 150 g), in grobe Stücke geschnitten
90 ml Mandelmilch
1 TL Weinstein-Backpulver
1 TL Olivenöl
1/5 TL Salz
1/3 TL Zimt
2 TL Kokosöl zum Anbraten

FOOD PHARMACY ERDBEEREN

Erdbeeren enthalten eine Vielzahl an Antioxidantien, die unsere Zellen schützen. In einem wissenschaftlichen Ranking, das die Lebensmittel mit den meisten Antioxidantien miteinander verglich, schnitten die Erdbeeren super ab: Sie nahmen den viertbesten Platz unter den Früchten ein (vor ihnen rangierten nur noch Brombeeren, Cranberrys und Himbeeren).

Zeitaufwand:
10 Minuten Zubereitung
10 Minuten Backzeit

V GF

BUCHWEIZEN-BIRCHER-MÜSLI

Der einzige Nachteil dieses Frühstücks: Du musst bereits am Vorabend überlegen, ob du es am nächsten Morgen essen willst, denn die Buchweizenkerne müssen über Nacht in Wasser eingeweicht werden. Das ist aber auch wirklich der einzige Makel dieses eleganten kleinen Frühstücks, das durch den Buchweizen und die Beeren eine echte Vitalstoffbombe ist. Du kannst es auch im Schraubglas mit zur Arbeit nehmen, um es am späteren Vormittag zu essen. Neidische Blicke sind dir dann sicher.

Für 2 Personen:

Für das Bircher Müsli:
100 g Buchweizenkerne
3 EL Mandelmilch
25 g Haselnüsse
15 g Rosinen
1 EL geschrotete Leinsamen
1 Prise Salz
1 kleiner Apfel
1 EL Zitronensaft

Für die Beerensauce:
50 g gemischte Beeren (frisch oder tiefgefroren)
25 ml Mandelmilch
1/2 EL Ahornsirup

Zum Servieren:
50 g gemischte Beeren
1/2 EL Ahornsirup

Zeitaufwand:
6 Stunden Einweichzeit
15 Minuten Zubereitung

Am Vorabend: Buchweizenkerne in Wasser einweichen und abgedeckt über Nacht in den Kühlschrank stellen.

Am nächsten Morgen in ein Sieb geben und gut abspülen. Die Hälfte der Kerne zusammen mit der Mandelmilch im Mixer grob pürieren (ca. 5 Sekunden), so dass die Textur leicht körnig bleibt. Die Haselnüsse in der Pfanne anrösten, auf ein Küchentuch legen und reiben, so dass sich die Schale löst. Dann klein hacken. 2 EL der Nüsse in einer kleinen Schale beiseitestellen, den Rest zum Müsli geben. Die Rosinen, die geschroteten Leinsamen und 1 Prise Salz hinzufügen und gut vermengen. Den Apfel grob reiben, mit Zitronensaft beträufeln und alles sorgfältig vermischen.

Die Zutaten für die Beerensauce im Mixer glatt pürieren.

In vier Gläsern jeweils erst Beerensauce, dann Müsli schichten. Mit ein paar Beeren, den beiseitegestellten Nüssen und etwas Ahornsirup anrichten und servieren.

FOOD PHARMACY BUCHWEIZEN

Buchweizen hat trotz seines Namens gar nichts mit Weizen zu tun und enthält auch kein Gluten. Tatsächlich ist er noch nicht einmal ein Getreide, sondern gehört genauso wie der Sauerampfer zur Familie der Süßgräser. Buchweizen liefert hochwertigeres Eiweiß als Getreide, da er alle essenziellen Aminosäuren enthält. Außerdem senkt er den Blutzuckerspiegel und den Blutdruck.

V GF

GEGRILLTE PAPAYA MIT LIMETTENSAFT

Gegrillte Papaya habe ich einmal in einem schönen Hotel zum Frühstück gegessen und war begeistert. Das Grillen intensiviert Aroma und Süße der Frucht und macht ihren Geschmack wirklich interessant. Limettensaft muss sein, da die feine Säure das i-Tüpfelchen des Ganzen ist. Dazu ein Glas Naturjoghurt von Kokos, Soja, Schaf oder Ziege – und du hast ein ebenso schnelles wie luxuriöses Frühstück.

Die Papayahälfte entkernen, schälen und in ca. 1 cm breite vertikale Streifen schneiden.

Eine gerillte Grillpfanne erhitzen und mit Kokosöl ausreiben. Die Papayastreifen nebeneinander (keine Überlappung) in die heiße Pfanne legen und ca. 2 Minuten pro Seite grillen, bis sich schwarze Streifen auf dem Fruchtfleisch bilden.

Auf zwei Tellern zusammen mit einer halben Limette anrichten und vor dem Essen mit Limettensaft beträufeln. Dazu passt Naturjoghurt (Ziege, Schaf, Soja oder Kokos).

Für 2 Personen:

Du brauchst:
Eine gerillte Grillpfanne

Zutaten:
1/2 Papaya
Kokosöl für die Pfanne
1 Limette

Zeitaufwand:
5 Minuten Zubereitung
4 Minuten Backzeit

FOOD PHARMACY PAPAYA

Papaya wirkt heilsam im Magen-Darm-Bereich. Der Vater einer südamerikanischen Freundin wurde von einem Arzt während einer schlimmen Durchfallerkrankung allein mit Papaya geheilt (er aß für ein paar Tage nichts anderes mehr). Auch die Kerne der Papaya haben eine Heilwirkung. Man kaut sie präventiv oder bei bereits vorhandenen Darmparasiten (siehe **Seite 60**). Für weitere Infos zur Papaya siehe **Seite 97**.

V GF

SMOOTHIES

Wenn du mich nach einem einzigen Gesundheitstipp fragst, würde ich dir ohne zu zögern einen grünen Smoothie pro Tag empfehlen. Da aber jeder Mensch Abwechslung braucht, solltest du unbedingt auch die anderen Smoothie-Sorten probieren, zum Frühstück oder als Nachmittagssnack.

VITALISIERENDER GRÜNER SMOOTHIE

(für 2 Personen):
1 dicke Scheibe Ananas (ca. 350 g)
1 Banane
80 g Baby-Spinat (bio) oder anderes Blattgemüse
2 EL frischer Koriander, gehackt
250 ml Wasser, gefiltert
250 ml Mandel- oder Hafermilch, ungesüßt
1 TL Moringapulver
Plus optional:
1 EL Hanfsamen, geschält
1 TL Chlorella- oder Spirulina-Pulver

Alle Zutaten im Mixer cremig pürieren.
Zeitaufwand: 5 Minuten

DEKADENTER SCHOKOSMOOTHIE

(für 2 Personen):
1 Banane
100 g Blaubeeren
1/2 Avocado
500 ml Wasser, gefiltert
1 EL roher Kakao, ungesüßt
2 EL Erdnussmus (alternativ: Mandelmus)
1 TL Zimt
1 EL Hanfsamen, geschält (optional)

Alle Zutaten im Mixer cremig pürieren.
Zeitaufwand: 5 Minuten

SOMMERLICHER ERDBEERSMOOTHIE

(für 2 Personen):
250 g Erdbeeren (frisch oder gefroren)
1/2 Avocado
1 Banane
500 ml Mandelmilch, ungesüßt
2 EL Zitronensaft
2 EL Ahornsirup, Grad A (mehr nach Bedarf)

Alle Zutaten im Mixer cremig pürieren.

Zeitaufwand: 5 Minuten

WÄRMENDER KÜRBIS-APFEL-SMOOTHIE

(für 2 Personen):
200 g Hokkaido-Kürbis, klein gewürfelt
1 Apfel, entkernt und geviertelt
2 Medjool-Datteln (alternativ: 2 EL Ahornsirup)
500 ml Mandelmilch, ungesüßt
2 EL Zitronensaft
1 TL Zimt
1/3 TL Kurkumapulver

Den Kürbis in heißem Wasser ca. 6 Minuten gar kochen. Den Apfel und die entkernten Datteln dazugeben und 2 Minuten bei mittlerer Hitze kochen. Abgießen und mit den anderen Zutaten im Mixer cremig pürieren.

Zeitaufwand: 15 Minuten

V

FRANZÖSISCHES BAUERN-BAGUETTE

Da das Elsass mein zweites Zuhause ist, bin ich mit französischem Baguette groß geworden. Als irgendwann klar wurde, dass ich Weizenmehl nicht vertrage, begann ich, meine Brote selbst zu backen. Diese Baguettes sind aus Dinkelmehl gemacht und ganz einfach herzustellen. Am allerbesten schmecken sie frisch aus dem Ofen, in etwas Olivenöl gestippt und mit Fleur de Sel bestreut.

Zutaten für 2 Baguettes:

9 g Trockenhefe
1 EL Ahornsirup
300 ml lauwarmes Wasser
500 g Dinkelmehl, Type 1050
1 TL Salz

Zeitaufwand:
1 Stunde Wartezeit
10 Minuten Zubereitung
20 Minuten Backzeit

Trockenhefe, Ahornsirup und lauwarmes Wasser in einer Schüssel vermischen und 5 Minuten stehen lassen. Es sollten sich ein paar Blasen an der Oberfläche bilden. Wenn keine Blasen entstehen, dann taugt die Hefe nichts. Fang am besten noch mal von vorne an.

Das Dinkelmehl in einer großen Schüssel mit Salz vermischen. Die angerührte Hefe mit einem Holzlöffel unterrühren. Dann mit den Händen ca. 5 Minuten gut kneten. Dabei die Hände immer wieder mit frischem Mehl bestäuben, damit der Teig nicht an den Händen hängen bleibt. Der Teig sollte am Ende immer noch etwas klebrig, aber elastisch sein.

Den Ofen auf 50 °C vorheizen und wieder ausstellen. Den Teig in der Schüssel mit einem leicht angefeuchteten Geschirrtuch abdecken und in den Ofen stellen. 1 Stunde gehen lassen. Der Teig sollte auf die doppelte Größe aufgehen.

Den Teig aus dem Ofen nehmen und den Ofen auf 180 °C vorheizen. Den Teig in zwei Portionen teilen. Ein Backblech mit Backpapier auslegen. Mit bemehlten Händen den Teig in zwei Würste rollen, die die ganze Breite des Backblechs einnehmen. Jede Wurst zweimal in sich drehen, so entsteht eine interessantere Form.

15 Minuten backen. Dann den Ofen auf 200 °C und Oberhitze umschalten und die Baguettes weitere 5 Minuten backen, bis sie gut gebräunt und knusprig sind.

V

HASELNUSS-ESPRESSO-GRANOLA

Selbstgemachtes Granola – oder geröstetes Müsli – findest du eigentlich immer in meiner Küche. Es ändern sich die Geschmacksrichtungen (Mandel, Kokos oder eben Haselnuss-Espresso), aber nicht der Fakt, dass es immer in einem großen Glas in der Nähe des Küchentischs steht. Granola ist ein leckeres Frühstück, vor allem wenn du es mit frischen Beeren, Banane oder warmen Äpfeln kombinierst; aber es ist auch ein super Snack, am besten direkt aus dem Glas geknabbert.

Ergibt 1 großes Glas Granola (ca. 560 g):

80 g Haselnüsse
100 g Haselnussmus
30 g Kokosöl
50 ml Ahornsirup, Grad A
3/4 EL Instant-Espressopulver *
1/4 TL Salz
250 g Haferflocken, Kleinblatt (glutenfrei, wenn nötig)
4 getrocknete Feigen, gewürfelt

Zeitaufwand:
10 Minuten Zubereitung
30 Minuten Backzeit

Den Ofen auf 180 °C vorheizen.

Ein Backblech mit Backpapier auslegen und die Haselnüsse 10 Minuten backen. Anschließend auf ein sauberes Küchentuch legen und kräftig reiben, damit sich die Haut löst. Die Haselnüsse grob hacken.

Haselnussmus, Kokosöl und Ahornsirup in einem kleinen Topf erhitzen und glatt verrühren. Instant-Espressopulver und Salz unterrühren. Mit Haferflocken, Haselnüssen und gewürfelten Feigen mischen und gleichmäßig auf dem Backblech verteilen. Ca. 20 Minuten backen. Zwischendurch umrühren und kontrollieren, dass die Mischung nicht anbrennt. Aus dem Ofen nehmen und abkühlen lassen. In einem luftdichten Gefäß aufbewahren und innerhalb von 2 Wochen verbrauchen.

* Nimm am besten ein Instant-Pulver mit mildem Geschmack, sonst wird das Granola zu bitter. Ich habe zum Beispiel gute Erfahrungen gemacht mit dem Nescafé Instant-Espresso 100 % Arabica.

V GF

BITTERORANGEN-MARMELADE

Die Zubereitung dieser Marmelade ist erstaunlich einfach: Du schmeißt lediglich eine ganze Orange ins heiße Wasser, lässt sie kochen und pürierst sie später mit etwas Ahornsirup zu einem bittersüßen Aufstrich. So einfach, so gut. Probiere die Marmelade mal zusammen mit Crêpes. Aber sage nicht, ich hätte dich nicht gewarnt: Die Suchtgefahr ist groß.

Wasser in einen mittelgroßen Topf geben und zum Kochen bringen. Die Orangen waschen und hinzufügen. Sie sollten vollständig von Wasser bedeckt sein. Die Hitze reduzieren und das Ganze 20 Minuten köcheln lassen.

Die Orangen aus dem Wasser nehmen, vierteln, die Kerne entfernen und mit dem Ahornsirup im Mixer cremig pürieren. In ein sauberes Schraubglas füllen. Im Kühlschrank aufbewahren und innerhalb von 2 Wochen verbrauchen.

Ergibt 1 Glas Marmelade (ca. 350 g):

Du brauchst:
Einen Mixer
Ein mittelgroßes Schraubglas

Für die Marmelade:
2 Bio-Saftorangen (ca. 400 g)
120 ml Ahornsirup, Grad A

Zeitaufwand:
5 Minuten Zubereitung
20 Minuten Kochzeit

FOOD PHARMACY ORANGENSCHALE

Nur selten essen wir die bittere Schale der Orangen, dabei ist sie fast noch gesünder als das Fruchtfleisch selbst. Sie enthält 170 verschiedene sekundäre Pflanzenstoffe, darunter Vitamine, Mineralien und Ballaststoffe. Die in der Schale enthaltenen nichtlöslichen Polysaccharide, eine Gruppe der Ballaststoffe, halten den Darm gesund und regen die Verdauung und die Fettverbrennung an. Orangenschale wirkt entzündungshemmend und beruhigt den Bauch bei Magen-Darm-Problemen.

V

SÜSSES FRÜHSTÜCKSBROT

Dieses Brot ist ein Alleinunterhalter, denn es braucht keinen Aufstrich, um interessant zu schmecken. Seine Süße bekommt es durch reife Bananen und seinen Biss von grob gehackten Walnüssen. Da es ohne Hefe gemacht ist, gibt es keine Wartezeiten. Einfach mischen, backen und frühstücken.

Zutaten für 1 Brot:

Du brauchst:
Eine Kastenform (1,5 Liter Kapazität)

Für das Brot:
- 200 g Dinkelvollkornmehl
- 100 g Walnüsse, grob gehackt
- 50 g Kokosraspel
- 2 EL geschrotete Leinsamen
- 3 TL Zimt
- 2 TL Weinstein-Backpulver
- 1 TL Salz
- 200 ml ungesüßte Hafer- oder Mandelmilch
- 50 ml Olivenöl
- 2 reife Bananen, mit der Gabel püriert
- 100 g getrocknete Pflaumen, klein gewürfelt
- Kokosöl für die Form

Zeitaufwand:
10 Minuten Zubereitung
55 Minuten Backzeit

Den Backofen auf 180° C vorheizen.

In einer großen Rührschüssel Dinkelvollkornmehl mit Walnüssen, Kokosraspeln, geschroteten Leinsamen, Zimt, Backpulver und Salz mischen.

Alle weiteren Zutaten untermischen.

Eine Kastenform mit Kokosöl ausreiben, den Teig hineingeben und im vorgeheizten Ofen ca. 50–55 Minuten backen.

Nach ca. 30 Minuten überprüfen, ob die Oberfläche schon ausreichend gebräunt ist, und das Brot gegebenenfalls mit Backpapier abdecken.

Gegen Ende der Backzeit die Stäbchenprobe machen: Ein in den Teig gestochener Holzspieß sollte sauber und ohne flüssige Teigreste wieder herauskommen. Dann ist das Brot fertig gebacken.

Das Brot aus dem Ofen nehmen, kurz abkühlen lassen, dann aus der Form lösen und auf einem Kuchengitter vollständig abkühlen lassen.

V GF

PINK GRAPEFRUIT MIT WARMER KOKOSSOSSE

Die Kombination aus bitter-frischer Grapefruit und süßlich-buttriger Sauce ist einfach genial. Dies ist ein denkbar einfaches und schnelles Frühstück, die Kombination macht es aber aufregend und besonders. Nimm einen Naturjoghurt deiner Wahl dazu, und du hast eine ausgewogene erste Mahlzeit.

Für 2 Personen:

2 Pink Grapefruits
2 EL Kokosraspel
2 EL Honig (alternativ: Ahornsirup, Grad A)
1 EL Kokosöl

Dazu passt:
Naturjoghurt (Schaf, Ziege, Soja oder Kokos)

Zeitaufwand:
10 Minuten Zubereitung

Die Grapefruits jeweils in zwei Hälften schneiden und auf zwei Tellern anrichten.

Eine Pfanne erhitzen und die Kokosraspeln unter Rühren leicht anrösten, bis sie goldbraun werden und anfangen zu duften. Beiseitestellen.

In einem kleinen Topf Honig und Kokosöl erwärmen und gut vermischen. Über den Grapefruit-Hälften verteilen und mit gerösteten Kokosraspeln servieren.

FOOD PHARMACY PINK GRAPEFRUIT

Pink Grapefruit enthält den Pflanzenfarbstoff Lycopin, der stark antioxidativ und damit zellschützend wirkt. Außerdem wirkt sie reinigend, da sie die Leber anregt, Giftstoffe schneller zu entsorgen. Wer Medikamente einnimmt, sollte allerdings vollständig auf den Verzehr von Grapefruits verzichten, da sie die Wirkung bestimmter Medikamente um das Doppelte verstärken oder aber extrem abschwächen können.

GF

GRÜNES LIEBLINGSOMELETTE

Ich hatte lange Zeit keine Eier gegessen, weil ich sie nie besonders gut vertragen habe. Erst als wir von Los Angeles ins Elsass zogen und ich die Eier frisch aus dem Hühnerstall unserer Nachbarin Helen holen konnte, fing ich langsam wieder an, sie zu mögen. Auch mein Körper hatte keine Probleme mehr damit, die Eier zu verdauen, was mich in meiner Theorie unterstützte, dass die Herkunft tierischen Eiweißes wirklich alles ist. Was die Tiere essen, die wir essen, macht letztlich den alles entscheidenden Unterschied. Und Gleiches gilt eben auch für alle tierischen Produkte wie Eier, Honig etc.

Für 2 Personen:

5 Bio-Eier
1/2 TL Salz
Schwarzer Pfeffer
1/2 EL Kokosöl
1 Frühlingszwiebel, in dünne Scheiben geschnitten
80 g Zucchini, klein gewürfelt
2 EL frischer Koriander, gehackt

Zeitaufwand:
5 Minuten Zubereitung
15 Minuten Kochzeit

Die Eier in einer Schüssel mit Salz und frisch gemahlenem schwarzem Pfeffer mit einer Gabel nur ganz leicht verquirlen, so dass keine homogene Flüssigkeit entsteht. Das ist der Trick für ein luftiges Omelette!

Das Kokosöl in einer Pfanne bei mittlerer Temperatur erhitzen, darin Frühlingszwiebeln und klein gewürfelte Zucchini ca. 5 Minuten anbraten. Die Eier dazugeben und mit gehacktem Koriander bestreuen. Die Pfanne mit einem Deckel verschließen. Die Hitze eventuell noch etwas reduzieren, damit die Mischung nicht anbrennt. Das Wichtigste: Nicht rühren!

Wenn die Eiermasse nach 3–5 Minuten unten fest und oben noch etwas flüssig ist, das Omelette einmal einschlagen, den Herd ausstellen und das Omelette bei geschlossenem Deckel weitere 3–5 Minuten ziehen lassen, bis die Masse fest ist.

EIN PAAR GEDANKEN ZU EIERN

Eier hatten lange Zeit einen schlechten Ruf, da sie den Cholesterinspiegel zu stark in die Höhe treiben sollten. Mittlerweile geht man allerdings davon aus, dass Cholesterin weit weniger schädlich ist, als zuvor angenommen, und den Körper sogar vor Erkrankungen schützen kann. Eier haben also wieder einen Platz unter den gesunden Eiweißquellen eingenommen. Dennoch gehören sie zusammen mit Kuhmilch zu den häufigsten Allergieauslösern unter den Lebensmitteln in Deutschland. Meine Vermutung ist, dass einer der Gründe in der (schlechten) Aufzucht der Hühner liegt und andererseits die Tatsache dazu beiträgt, dass Eier in zu großen Mengen konsumiert werden, da sie in vielen Lebensmitteln als Bindemittel eingesetzt werden. Ein bewusster Konsum von Eiern, die von glücklichen Hühnern kleiner Bauernhöfe oder aus Bio-Betrieben stammen, ist absolut entscheidend, um an ihre gesundheitlichen Vorzüge zu kommen.

V

SESAM-KNÄCKEBROT

Dieses Knäckebrot ist für mich ein »Basic«, und ich versuche, immer einen Vorrat davon zu Hause zu haben. Ich esse es nicht nur gern zum Frühstück mit etwas selbstgemachter Marmelade (**Seite 121**), sondern auch als Snack mit Avocado- oder Rote-Bete-Dip (**Seite 135** und **136**).

Für 2 Backbleche Knäckebrot:

Für den Teig:
100 g Dinkelvollkornmehl
100 g Roggenmehl (alternativ: Dinkelvollkornmehl)
100 g Haferflocken, Großblatt
40 g Sesam, geröstet
3/4 TL Salz
150 ml Wasser
4 EL Olivenöl

Zum Bestreuen:
1 EL Sesam, geröstet

Zeitaufwand:
10 Minuten Zubereitung
28 Minuten Backzeit

Den Ofen auf 200 °C vorheizen.

In einer großen Schüssel alle trockenen Zutaten für den Knäckebrotteig mit einem Löffel vermengen. Dann Wasser und Olivenöl untermischen und mit den Händen verkneten.

Ein Backbleck mit Backpapier auslegen. Den Teig in zwei Hälften teilen. Die erste Hälfte auf das Backblech geben und mit einem bemehlten Nudelholz oder den mehlbestäubten Händen so flach wie möglich drücken. Mit Sesam bestreuen und mit den Händen andrücken. 20 Minuten backen. Dann den Teig wenden (es macht nichts, wenn er an einigen Stellen bricht) und weitere 5–8 Minuten backen.

Aus dem Ofen nehmen und abkühlen lassen. Dann die zweite Portion backen.

Das Knäckebrot hält sich in einem luftdichten Gefäß ca. 2 Wochen lang.

SNACKS

V GF

GERÖSTETE NORI-BLÄTTER MIT SESAM

Koreaner essen Nori-Algen wie wir Deutschen Brot essen. Nori ist in Korea ein verehrtes und beinahe schon heiliges Lebensmittel. Die Tradition sieht es vor, dass Frauen drei Wochen nach der Geburt Nori-Algen geschenkt bekommen, in Anlehnung an die Gewohnheit der Wale, nach der Geburt ihrer Jungen Algen zu verzehren. Nori soll die Lebenskräfte wecken, den Körper nähren und verjüngen.

Für 2 Personen:

3 TL Kokosöl
3 Nori-Blätter
1,5 TL Sesam, geröstet

Zeitaufwand:
10 Minuten Zubereitung

Eine große Pfanne erhitzen. 1 TL Kokosöl hineingeben und das erste Nori-Blatt ca. 1 Minute anrösten, bis es leicht gebräunt ist. Das Blatt umdrehen und auf der anderen Seite eine weitere Minute anrösten. Aus der Pfanne nehmen, mit einem scharfen Messer in vier Stücke schneiden und mit Sesam bestreuen. Die zwei anderen Nori-Blätter auf die gleiche Weise zubereiten.

Passt gut als Beilage zu asiatischen Gerichten oder vorweg zum Aperitif.

FOOD PHARMACY NORI-ALGEN

Nori-Algen sind sehr proteinreich. Neue Studien haben herausgefunden, dass sie mehr bioaktive Peptide enthalten als Kuhmilch. Diese sind an unterschiedlichsten körperlichen Prozessen beteiligt; sie senken unter anderem den Blutdruck und stärken das Herz. Nori-Algen haben eine hohe Nährstoffdichte bei gleichzeitig geringen Kalorienwerten. Dadurch eignen sie sich optimal als salziger Snack und als Knabberei für unterwegs.

V GF

AVOCADO-DIP

Avocado ist mein liebstes Fast Food. Püriert hat sie eine tolle, cremige Konsistenz, durch ihren natürlichen Fettgehalt macht sie schnell satt, und es braucht nicht viele Zutaten, um sie zu einer leckeren und gesunden Zwischenmahlzeit zu machen. Mein kleiner Trick, um ihren Geschmack noch etwas stärker hervorzuheben, ist die Zugabe von Dijon-Senf und frischen Kräutern.

Alle Zutaten außer den frischen Kräutern in der Küchenmaschine pürieren. Gegebenenfalls 1–2 EL Wasser hinzufügen, wenn die Masse zu dickflüssig ist und sich nicht gut pürieren lässt.

Am Ende die frischen Kräuter dazugeben und nur kurz pürieren, so dass sie stückig bleiben. Mit frisch gemahlenem schwarzem Pfeffer abschmecken.

Für 2 Personen:

1 Avocado
2 EL Zitronensaft
1 TL Dijon-Senf
1 TL Salz
1–2 EL Wasser
1 Handvoll Basilikum oder Koriander
Schwarzer Pfeffer

Zeitaufwand:
5 Minuten Zubereitung

FOOD PHARMACY AVOCADO

Die Avocado ist ein echtes Powerhouse. Sie liefert nicht nur lebenswichtige Vitamine wie Vitamin A, Alpha- und Betacarotin, Biotin und Vitamin E, sondern bringt auch gleich die einfach ungesättigten Fettsäuren mit, die einige der Vitamine für den Körper erst richtig zugänglich machen. Vitamin A und Vitamin E bilden ein gutes Doppel, wenn es um den Schutz der Zellen geht. Wirklich unschlagbar werden sie aber durch die Zugabe von Vitamin C (in diesem Fall im Zitronensaft). Diese Dreier-Kombi wirkt als Anti-Aging-Mittel schlechthin, da ihre antioxidative Wirkung unsere Zellen und unsere Haut jung hält.

V GF

ROTE-BETE-DIP

Die Farbe dieses Dips ist wirklich spektakulär, und sein Geschmack ist sehr ausgewogen durch die Süße der Roten Bete, die Säure des Zitronensafts und die Schärfe des Meerrettichs. Ich esse den Dip gern zum späten Frühstück oder am frühen Abend mit einem Stück Knäckebrot (siehe **Seite 128**).

Für 1 mittelgroßes Glas:

80 g Cashewkerne
400 g Rote Bete, gekocht und gewürfelt
2 EL Zitronensaft
2 TL Bio-Meerrettichpaste
1 TL Salz

Zeitaufwand:
6 Minuten Zubereitung

Die Cashewkerne in einer Pfanne stark anrösten, so dass sie stellenweise gut gebräunt sind. Mit allen anderen Zutaten im Mixer cremig pürieren. Dabei immer wieder die Masse von den Wänden des Mixers schaben. Wenn die Creme zu dickflüssig ist, 1–2 EL Wasser hinzufügen.

Im Kühlschrank aufbewahren und innerhalb von 4 Tagen verbrauchen.

FOOD PHARMACY ROTE BETE

Rote Bete ist reich an Betain, einem sekundären Pflanzenstoff, der die Funktionen der Leber unterstützt und die Gallenblase kräftigt. Auf unser Blut hat Rote Bete eine reinigende und nährende Wirkung, da ihre Mischung aus Antioxidantien und Eisen das Blut mit Sauerstoff anreichert. Dadurch eignet sich der regelmäßige Verzehr von Roter Bete besonders bei Anämie oder Blutarmut. Auch hoher Blutdruck wird durch relativ geringe Mengen Rote Bete merklich verbessert. In einem wissenschaftlichen Versuch reichte der Verzehr von zwei Roten Beten pro Tag aus, um den Blutdruck betroffener Patienten zu senken.

FIGARO
IMMOBILIER

V GF

ROSMARIN-POPCORN

Ich bin nicht katholisch, deshalb glaube ich wohl an Sünde ohne Reue. Dieses Popcorn ist das beste Beispiel dafür: Es ist tief befriedigend, hat einen üppigen Geschmack aus süßlichem Mais, Fett, Salz und Rosmarin, ist aber so gesund zubereitet, dass wirklich nichts dagegenspricht, der Versuchung nachzugeben. Keine Beichte notwendig!

Für 2 Personen:

Für das Popcorn:
1,5 EL Kokosöl
100 g Bio-Popcornmais

Für das Aroma:
2 EL Kokosöl
2 EL frisch gehackter Rosmarin
1/2 TL Salz
2 Rosmarinzweige

Zeitaufwand:
5 Minuten Zubereitung
8 Minuten Backzeit

Das Kokosöl in einer Pfanne mit passendem Deckel bei mittlerer Hitze erwärmen. Den Mais hinzufügen. Mit geschlossenem Deckel einmal pro Minute die Pfanne rütteln, bis die ersten Popp-Geräusche zu hören sind. Ca. 5 Minuten warten, bis alle Maiskörner gepoppt sind.

2 EL Kokosöl erwärmen, bis es flüssig ist. Über das Popcorn gießen und alles gut vermengen. Rosmarin und Salz dazugeben und mit den Händen gut vermischen. 2 Rosmarinzweige zum Popcorn legen, das intensiviert den Geschmack.

TIPP: Wenn du das nächste Mal Freunde zum Essen einlädst, dann serviere dieses Popcorn zum Aperitif. Das ist überraschend – und überraschend lecker.

FOOD PHARMACY ROSMARIN

Rosmarin macht schlau. Das wussten schon die alten Griechen, die Rosmarin als Mittel zur Gedächtnisstärkung nutzten. Der Wirkstoff Cineol im Rosmarin verbessert nachweislich die Hirnleistung, und der Wirkstoff Carnolsäure wehrt Toxine und Freie Radikale ab, die maßgeblich an der Entstehung von Demenz und Alzheimer beteiligt sind.

V

VOLLKORNBROT MIT GEFRORENEM OLIVENÖL UND FLEUR DE SEL

Manchmal sind es die einfachen Dinge, die einen wirklich umhauen. Der Geschmack von frisch gebackenem Brot, die schmelzende Konsistenz von gefrorenem Olivenöl, der spitze geschmackliche Akzent von Salzkristallen. Ich würde jedes Sterne-Menü stehen lassen für einen einfachen Genuss wie diesen.

Für 1 Brot:

Für das gefrorene Olivenöl:
50 ml Olivenöl

Für das Brot:
300 ml lauwarmes Wasser
1 Päckchen Trockenhefe (9 g)
1 EL Ahornsirup
400 g Dinkelvollkornmehl (plus etwas mehr zum Bestäuben des Teiges)
50 g Haferflocken
50 g Kürbiskerne
50 g Sonnenblumenkerne
50 g Leinsamen
1 TL Salz
1/3 TL frisch gemahlener Pfeffer
2 EL Olivenöl für die Form
1 Eigelb zum Bestreichen (optional)

Zum Servieren:
Ein Schälchen Fleur de Sel

Zeitaufwand:
10 Minuten Zubereitung
1 Stunde und 10 Minuten Wartezeit
40 Minuten Backzeit

Das Olivenöl in ein kleines Glasschälchen gießen, mit Folie abdecken und ins Tiefkühlfach stellen.

In einer kleinen Schüssel lauwarmes Wasser, Trockenhefe und Ahornsirup mischen und 10 Minuten ruhen lassen, bis sich auf der Oberfläche kleine Blasen bilden.

In der Zwischenzeit in einer großen Schüssel Mehl, Haferflocken, Kürbiskerne, Sonnenblumenkerne, Leinsamen, Salz und Pfeffer mischen.

Die angerührte Hefe untermischen und mit den Händen ca. 3 Minuten gut durchkneten. Den Teig mit etwas Mehl bestreuen, die Schüssel mit einem Handtuch abdecken und den Teig an einem warmen Ort 1 Stunde gehen lassen.

Den Ofen auf 180 °C vorheizen.

Den Teig noch einmal kräftig durchkneten und in eine geölte Kastenform geben. Mit einem Messer einen vertikalen Schnitt in der Mitte des Teiges machen. Die Oberfläche mit Eigelb bepinseln und das Ganze 40 Minuten backen. Aus dem Ofen nehmen und ca. 10 Minuten in der Form abkühlen lassen, dann aus der Form lösen und vollständig auskühlen lassen.

Das gefrorene Olivenöl 10 Minuten vor dem Servieren aus dem Tiefkühlfach nehmen und zusammen mit Brot und Fleur de Sel servieren.

V GF

LIEBLINGSNÜSSE

Gewürzte Nüsse kennt jeder aus der Tüte. Selbstgemachte schmecken aber ganz anders und viel besser. Zum ersten Mal aß ich welche in einem kleinen Restaurant in San Francisco. Thomas und ich lebten damals in LA und waren übers Wochenende dort. Es war Frühling, es war warm und sonnig (eher selten in San Francisco zu dieser Jahreszeit); wir teilten uns am frühen Abend ein Bier und bekamen mit Rosmarin aromatisierte Mandeln dazu. Die Leichtigkeit der Atmosphäre, der Geschmack der Nüsse und der sanfte Schwips vom Bier haben sich tief bei mir eingegraben. Nun hoffe ich, dass dieses Rezept dein Begleiter sein wird für ebenso glückselige Abende, die du mit Menschen verbringst, mit denen du sogar ein Bier und eine Schüssel Lieblingsnüsse teilen würdest.

Den Ofen auf 180 °C vorheizen.

Die Mandeln und Cashewkerne in eine Schüssel geben.

Alle anderen Zutaten in einer kleineren Schüssel mischen, zu den Nüssen geben und mit den Händen gleichmäßig verteilen. Die marinierten Nüsse auf ein mit Backpapier ausgelegtes Backblech geben und 12–15 Minuten backen, bis die Nüsse leicht gebräunt sind und duften.

In einem luftdichten Gefäß kühl aufbewahren und innerhalb von 1 Woche verbrauchen.

Für 1 mittelgroßes Glas:

100 g blanchierte Mandeln
100 g Cashewkerne
1 EL frischer Rosmarin, gehackt
1 EL Olivenöl
1/2 EL Ahornsirup
1 Knoblauchzehe, gehackt
1 getrocknete rote Chilischote, zerkrümelt
1 TL grobes Meersalz
1/2 TL Oregano, getrocknet
1/2 TL Paprikapulver

Zeitaufwand:
5 Minuten Zubereitung
15 Minuten Backzeit

V

OLIVENÖL-CRACKER

Selbstgemachte Cracker sind nicht perfekt. Sie sind an manchen Stellen dicker als an anderen und werden, wenn sie kühl sind, in unregelmäßige Stücke gebrochen. Dafür sind sie knusprig und zart, schmecken nach Rosmarin und sind sich selbst eigentlich genug. Sie brauchen keinen Dip oder Käse, um veredelt zu werden. Sie sind es bereits. Nur eben auf eine ursprünglichere und eben unperfekte Art.

Den Ofen auf 180 °C vorheizen.

Alle Zutaten für den Teig in eine Schüssel geben, sorgfältig verrühren und in zwei Portionen teilen. Ein Backblech mit Backpapier auslegen und die erste Portion mit den Händen zu einer möglichst dünnen Schicht ziehen und strecken (oder ein Backpapier auf den Teig legen und dann mit den Händen fein ausstreichen). Mit Fleur de Sel und dem frisch gemahlenen schwarzen Pfeffer bestreuen und 15 Minuten backen. Den Teig wenden und 3 weitere Minuten backen. Aus dem Ofen nehmen, abkühlen lassen und in Stücke brechen.

Anschließend die zweite Portion backen.

Für 2 Backbleche Olivenöl-Cracker:

Für den Teig:
200 g Dinkelvollkornmehl
1 EL frischer Rosmarin, gehackt
3/4 TL Salz
150 ml Wasser
100 ml Olivenöl

Zum Bestreuen:
2/3 TL Fleur de Sel
Schwarzer Pfeffer

Zeitaufwand:
5 Minuten Zubereitung
15 Minuten Backzeit

V GF

MISO-HONIG-INGWER- UND ZITRONEN-PAPRIKA-KÜRBISKERNE

Kürbiskerne sind ein optimaler Träger verschiedener Aromen. Wenn sie im Backofen geröstet werden, haben sie diesen »Crunch«, der gute Snacks so unwiderstehlich macht. Gut, dass sie außerdem gesund sind. Der in ihnen enthaltene Pflanzenwirkstoff Beta-Sitosterol wird zum Beispiel in der Arzneimittelindustrie genutzt, um den Cholesterinspiegel zu senken, und ihr hoher Zinkanteil reguliert fettige Haut und Akne. Ziemlich gute Eigenschaften für einen Snack, der vor allem zum Vergnügen da ist, oder? Infos zu weiteren Eigenschaften von Kürbiskernen findest du auf **Seite 93**.

MISO-HONIG-INGWER-KÜRBISKERNE *(für 2 Personen):*

100 g Kürbiskerne
1/2 EL dunkle Misopaste
1/2 EL Honig
1/2 EL Kokosöl, geschmolzen
1/4 TL Salz

Den Ofen auf 150 °C vorheizen.

Alle Zutaten gut vermischen und gleichmäßig auf einem mit Backpapier ausgelegten Backblech verteilen. Auf der mittleren Ofenschiene ca. 10 Minuten backen. Da die Kerne leicht anbrennen, zwischendurch kontrollieren, dass sie nicht zu braun werden.

Zeitaufwand:
5 Minuten Zubereitung
10 Minuten Backzeit

ZITRONEN-PAPRIKA-KÜRBISKERNE *(für 2 Personen):*

100 g Kürbiskerne
2 EL Zitronensaft
Zeste von 1 Zitrone
2 EL Kokosöl, geschmolzen
1 TL Paprikapulver, edelsüß
1/2 TL Salz

Den Ofen auf 150 °C vorheizen.

Alle Zutaten gut vermischen und gleichmäßig auf einem mit Backpapier ausgelegten Backblech verteilen. Auf der mittleren Ofenschiene ca. 10 Minuten backen. Da die Kerne leicht anbrennen, zwischendurch kontrollieren, dass sie nicht zu braun werden.

Zeitaufwand:
5 Minuten Zubereitung
10 Minuten Backzeit

(V)

SESAM-POWER-RIEGEL

Sesam-Power-Riegel habe ich dabei, wenn wir auf mehrstündige Wanderungen gehen. Sie sind vollgepackt mit guten Stoffen, die sofort langanhaltende Energie liefern. Damit unterscheiden sie sich von den allermeisten Power-Riegeln, die du im Laden kaufen kannst. Diese heben zwar durch den enthaltenen Zucker das Energieniveau rasch an, lassen es aber ebenso schnell wieder abfallen.

Eine Pfanne erhitzen und den Sesam kurz darin anrösten, bis er zu duften beginnt. 2 EL davon beiseitestellen zum Bestreuen der Riegel. Die Cashew- und Kürbiskerne ebenfalls anrösten und zusammen mit den restlichen 3 EL Sesam und allen anderen trockenen Zutaten in der Küchenmaschine zu einem groben Mehl verarbeiten.

Die Medjool-Datteln, das geschmolzene Kokosöl und den Zitronensaft hinzufügen und in der Küchenmaschine vermengen. Eine rechteckige Tupperdose mit Backpapier auslegen, die Masse mit den Händen gleichmäßig darin verteilen und festdrücken. Sie sollte ca. 2 cm hoch sein. Mit dem Sesam bestreuen.

1 Stunde in den Kühlschrank stellen.

Die Masse in ca. 5 x 7 cm große Rechtecke schneiden und in einem luftdichten Gefäß im Kühlschrank aufbewahren. Die Riegel halten sich gekühlt ca. 2 Wochen lang.

Zeitaufwand:
20 Minuten Zubereitung
1 Stunde Kühlzeit

FOOD PHARMACY LEBENSMITTELKOMBINATION

Die Kombination hochwertiger pflanzlicher Proteine in Sesam, Hanfsamen, Cashew- und Sonnenblumenkernen bringt dir langanhaltende Energie, die deinen Körper unterstützt, wenn du dich viel bewegst. Die Medjool-Datteln sorgen für einen schnellen Energieschub, lassen den Blutzuckerspiegel allerdings behutsamer ansteigen als die meisten anderen Süßungsmittel.

Für 9 Riegel:

Du brauchst:
Eine Küchenmaschine
Eine rechteckige Tupperdose (ca. 21 x 15 cm)

Trockene Zutaten:
5 EL Sesam (2 EL davon zum Bestreuen der Riegel)
60 g Cashewkerne
20 g Kürbiskerne
60 g Haferflocken (bei Bedarf glutenfrei)
60 g geschälte Hanfsamen (alternativ: Mandeln oder Cashewkerne)
2 EL geschrotete Leinsamen
2 EL Goji-Beeren
Zeste von 1 Bio-Zitrone
1 TL Zimt
1/2 TL Kardamompulver
1/3 TL Salz

Feuchte Zutaten:
200 g getrocknete Medjool-Datteln, entkernt
30 g Kokosöl, geschmolzen
2 EL Zitronensaft

V GF

GESALZENER KARAMELL-DIP

Dass etwas so sündhaft Leckeres mit so natürlichen Zutaten hergestellt werden kann, ist fast schon schockierend. Dieser Dip veredelt den schlichtesten Apfel zu einem wunderbaren Dessert, das auch Kinder voll und ganz glücklich machen dürfte.

Wenn die Medjool-Datteln sehr trocken sind, weiche sie 1 Stunde in warmes Wasser ein. Ansonsten püriere alle Zutaten für den Dip in der Küchenmaschine, bis er die Konsistenz von Karamellcreme hat. Wenn er noch zu zäh ist, füge löffelweise etwas mehr Mandelmilch hinzu.

Für einen Nachmittags- oder Spätvormittags-Snack 1 Apfel pro Person in dünne Schnitze schneiden und mit frischem Zitronensaft beträufeln. Dazu 1 EL der Karamellcreme servieren.

Den fertigen Dip im Kühlschrank aufbewahren und innerhalb 1 Woche verbrauchen.

Für ein kleines Glas (ca. 100 g):

Du brauchst:
Eine Küchenmaschine

Für den Dip:
90 g getrocknete Medjool-Datteln, entkernt
4 EL Cashewcreme, ungesüßt (alternativ: ungesüßte Mandelcreme)
2 EL Zitronensaft
3 EL Mandelmilch, ungesüßt
1/4 TL Salz

Dazu passt:
1 Bio-Apfel pro Person
Etwas Zitronensaft

Zeitaufwand:
5 Minuten Zubereitung

FOOD PHARMACY MEDJOOL-DATTELN

Medjool-Datteln sind eine dicke, fleischige Dattelsorte, die man in vielen Bio-Läden oder im türkischen Supermarkt kaufen kann. Sie eignen sich von allen Dattelsorten am besten zur Herstellung von Desserts und Cremes. Wie alle anderen Datteln auch enthalten sie den Ballaststoff Beta-Glucan, der gegen Verstopfung hilft und allgemein die Verdauung fördert.

GF

BIENENPOLLEN-SCHOKOLADEN-TRÜFFEL

Dieser Snack ist aufgrund seiner Extravaganz nur etwas für Freigeister und Experimentierfreudige. Er erinnert mich dank seiner Farbigkeit an eine Biene oder vielleicht eher an eine dicke Hummel. Bienenpollen haben einen sehr besonderen Geschmack, der genauso wie Honig immer variiert, je nachdem, von welchen Blüten die Bienen geerntet haben.

Für 35 Stück:

150 g Medjool-Datteln
100 g Mandeln, gemahlen
2 EL rohes Kakaopulver, ungesüßt
1 EL frischer Zitronensaft
1/5 TL Salz
3 EL Bienenpollen

Zeitaufwand:
15 Minuten Zubereitung

Alle Zutaten außer den Bienenpollen in einer Küchenmaschine zu einer leicht klebrigen Masse pürieren.

Teelöffelgroße Portionen entnehmen und mit den Händen zu Kugeln formen.

Eine kleine Portion Pollen auf einen Teller geben, mit der Gabel leicht zerdrücken und wieder auflockern (die Pollen sind klebrig). Nun die ersten Trüffel in den Pollen wälzen, diese mit den Fingern gleichmäßig verteilen und auf der Oberfläche andrücken. Wenn die erste Pollenration aufgebraucht ist, die nächste teelöffelgroße Portion auf den Teller geben und genauso weiterverfahren. Indem du kleine Portionen der Pollen verwendest, machst du es dir einfacher, die Pollen gleichmäßig auf den Trüffeln zu verteilen.

Die Trüffel in einem luftdicht verschlossenen Gefäß im Kühlschrank aufbewahren und innerhalb 1 Monats aufbrauchen.

FOOD PHARMACY BIENENPOLLEN

Bienenpollen sind so komplex aufgebaut, dass sie fast alle wichtigen Nährstoffe beinhalten, die wir Menschen fürs Überleben benötigen. Sie haben einen hohen Proteinanteil sowie ein vollständiges Aminosäuren-Profil.

SUPPEN

V GF

ZITRONEN-LINSEN-SUPPE

Das Besondere an dieser Suppe ist, dass ein Stück Zitrone mitsamt Schale mitgekocht und püriert wird. Das macht den Geschmack der Linsen komplexer und die cremige Konsistenz der Suppe frischer. Zitronensaft und -schale sind der perfekte Partner für alle neutralen oder erdigeren Geschmacksrichtungen. Man kennt den Effekt aus dem Film: Kombiniere zwei sehr gegenteilige Charaktere miteinander, und beide laufen zur Höchstform auf. Linsen, Bohnen, aber auch Kartoffeln und Süßkartoffeln profitieren ganz besonders von ihrem sauren Gegenspieler, denn er lässt sie in ihrer ganzen Schönheit glänzen.

Für 2 Personen als Hauptgericht oder für 4 Personen als Vorspeise:

Du brauchst:
Einen Mixer

Für die Suppe:
180 g rote Linsen
1 TL Kokosöl
1 mittelgroße rote Zwiebel
1 l Gemüsebrühe
250 g Süßkartoffel, geschält und gewürfelt
1/4 von einer mittelgroßen Bio-Zitrone (ca. 45 g)
1/2 EL frisch gehackte Ingwerwurzel
1/5 TL Kümmelpulver
1–2 getrocknete rote Chili, zerkrümelt
Salz
Schwarzer Pfeffer

Zum Garnieren:
2 EL Frühlingszwiebeln, in feine Ringe geschnitten
2 EL Korianderblätter, gehackt
1 EL Sesam, geröstet

Zeitaufwand:
15 Minuten Zubereitung
20 Minuten Kochzeit

Die Linsen in ein Sieb geben und gründlich waschen.

In einem Topf Kokosöl erhitzen und die gehackte Zwiebel darin anschwitzen. Mit Gemüsebrühe ablöschen und alle anderen Suppenzutaten – auch das Zitronenviertel als Ganzes – hinzufügen. Ca. 20 Minuten köcheln lassen, bis die Linsen und die Süßkartoffeln weich sind.

Das Ganze im Mixer cremig pürieren. Mit Salz und frisch gemahlenem schwarzem Pfeffer abschmecken.

Die Suppe in Schalen füllen und mit Frühlingszwiebeln, Koriander und geröstetem Sesam garniert servieren.

FOOD PHARMACY LEBENSMITTELKOMBINATION

Zitronen und Linsen bilden zusammen ein super Team für den Hausputz unseres Körpers. Der hohe Vitamin-C-Gehalt von Zitronen stärkt das Immunsystem und regt die weißen Blutkörperchen an, sich besser vor Erregern zu schützen. Das in Zitronen enthaltene Kaempferol wirkt außerdem antibiotisch gegen alle Arten von Bakterien. Abgestorbene Bakterien und andere Giftstoffe werden dann von den Ballaststoffen der Linsen aufgenommen wie von einem Schwamm und nach draußen befördert. So funktioniert eine effektive Putzkolonne.

V GF

PILZSUPPE MIT WALNUSS-THYMIAN-CRUMBLE

Pilze haben eine starke Heilwirkung, was bereits in der Antike bekannt war. Es gibt heute sogar eine medizinische Richtung, die sich nur mit der Heilwirkung von Pilzen beschäftigt: die Mykotherapie. Doch selbst wenn du davon noch nie gehört hättest, könntest du die heilende Wirkung einer dampfenden Pilzsuppe an einem grauen Tag bestimmt bestätigen.

Für 4 Personen:

Du brauchst:
Einen Mixer

Für die Suppe:
20 g getrocknete Steinpilze
2 EL Olivenöl
2 Schalotten
300 g braune Champignons, gewürfelt
300 g vorwiegend festkochende Kartoffeln, geschält und gewürfelt
50 ml trockener Sherry oder Weißwein
750 ml Gemüsebrühe
100 ml Kokosmilch
1 EL Zitronensaft
1 EL Sherry oder Weißwein
Salz
Schwarzer Pfeffer

Für das Walnuss-Thymian-Crumble:
3 Zweige Thymian
30 g Walnüsse
Zeste von 1/2 Bio-Zitrone

Zeitaufwand:
15 Minuten Zubereitung
1 Stunde Wartezeit
20 Minuten Kochzeit

Die getrockneten Steinpilze mit Wasser bedecken und für 1 Stunde einweichen. Dann das Wasser abgießen und die Steinpilze kurz abwaschen.

2 EL Olivenöl in einem mittleren Topf erhitzen und die gehackten Schalotten darin anschwitzen. Die Steinpilze, Champignons und Kartoffeln hinzugeben und leicht anrösten. Mit Sherry ablöschen.

Gemüsebrühe und Kokosmilch zufügen und 20 Minuten leicht köcheln lassen, bis die Kartoffeln weich sind.

In der Zwischenzeit das Walnuss-Thymian-Crumble vorbereiten. Die Thymianblättchen mit einer Gabel von den Zweigen trennen und zusammen mit den gehackten Walnüssen in einer Pfanne anrösten. Vom Herd nehmen und mit der Zitronenzeste mischen.

Die köchelnde Suppe vom Herd nehmen und im Mixer cremig pürieren. Gegebenenfalls etwas Gemüsebrühe oder heißes Wasser hinzufügen, bis die gewünschte Konsistenz erreicht ist. Mit Zitronensaft, Sherry, Salz und frisch gemahlenem schwarzem Pfeffer abschmecken. In Suppenschalen füllen und mit Crumble bestreut servieren.

FOOD PHARMACY CHAMPIGNONS

Champignons senken den Blutdruck und enthalten beachtliche Mengen B-Vitamine, die die Nerven stärken. Eine Besonderheit ist ihr hoher Gehalt an Vitamin B_{12}, das in pflanzlichen Lebensmitteln sonst selten vorkommt und für die Bildung roter Blutkörperchen notwendig ist.

V GF

THAILÄNDISCHE ZUCCHINI-NUDEL-SUPPE MIT MARINIERTEM RÄUCHERTOFU

Dies ist eine meiner Lieblingssuppen, weil sie so schön cremig ist und gleichzeitig durch die nur kurz erwärmten Zucchininudeln eine frische Note bekommt. Um die Nudeln herzustellen, brauchst du allerdings einen Spiralisierer. Diese Anschaffung wirst du nicht bereuen, denn wer die Suppe einmal gegessen hat, wird sie wiederhaben wollen.

Für 2 Personen:

Du brauchst:
Einen Spiralisierer

Für die Suppe:
1 TL Kokosöl
1/2 EL Ingwerwurzel, gehackt
2 Knoblauchzehen, gehackt
2 Frühlingszwiebeln, in feine Ringe geschnitten
Zeste von 1 Bio-Zitrone
600 ml Gemüsebrühe
400 ml Kokosmilch
2 EL Zitronensaft
1 große Zucchini (ca. 300 g)
200 g Tomaten
120 g Karotten
2 EL Koriandergrün, gehackt
Salz und schwarzer Pfeffer nach Geschmack

Für den marinierten Räuchertofu:
100 g Räuchertofu
1 EL Sojasauce
1 TL Kokosöl

Zeitaufwand:
20 Minuten Zubereitung
20 Minuten Kochzeit

In einer Pfanne 1 TL Kokosöl erhitzen und frisch gehackten Ingwer, Knoblauch, Frühlingszwiebeln und Zitronenzeste kurz darin anschwitzen. Mit Gemüsebrühe ablöschen. Kokosmilch und Zitronensaft dazugeben und ca. 20 Minuten leicht köcheln lassen.

In der Zwischenzeit das Gemüse zubereiten. Die Zucchini zu dicken Nudeln spiralisieren. Tomaten würfeln und Karotten in feine Stifte schneiden. Das Koriandergrün hacken.

Für den marinierten Tofu den Räuchertofu in Scheiben schneiden. In einer Schüssel mit Sojasauce marinieren. In einer Pfanne das Kokosöl erhitzen und den Tofu scharf anbraten, bis er gebräunt und knusprig ist.

Den Suppenfond nach Bedarf mit Salz und frisch gemahlenem schwarzem Pfeffer abschmecken. Zucchininudeln, Tomatenwürfel und Karottenstifte 2 Minuten hinzufügen und sofort servieren. Jede Suppenportion mit gehacktem Koriander und mariniertem Räuchertofu garnieren.

FOOD PHARMACY ZUCCHINI

Die Phytonährstoffe der Zucchini unterstützen den Wasserhaushalt des Körpers, sorgen für eine gute Verdauung und lindern die Symptome einer vergrößerten Prostata bei Männern. Zucchini sind außerdem wohltuend fürs Herz, da sie Magnesium und Folsäure enthalten. Magnesium minimiert Studien zufolge das Risiko für Herzinfarkt und Schlaganfall, und Folsäure baut Homocystein ab, das Arterienverkalkung begünstigt.

V GF

KALTE MELONEN-GURKEN-SUPPE

Melonen und Gurken kommen aus derselben botanischen Familie der Kürbisgewächse. Dass die beiden gut zusammenpassen, merkt man dieser Suppe an. Sie ist frisch und kühlend und daher die perfekte Vorspeise für ein sommerliches Essen mit Freunden. Alle Zutaten sind roh und deshalb die flüssige Entsprechung eines Vorspeisensalats.

Für 4 Personen als Vorspeise:

Du brauchst:
Einen Mixer

Für die Suppe:
400 g Honigmelone
400 g Gurke
2 EL Zitronensaft
6 EL Minzeblätter, grob gehackt
1,5 TL Salz
Schwarzer Pfeffer
5 Eiswürfel

Zum Servieren:
Olivenöl
Fleur de Sel
Schwarzer Pfeffer
4 kleine Minzezweige

Zeitaufwand:
10 Minuten Zubereitung

Melone und Gurke schälen und in Stücke schneiden. Zusammen mit Zitronensaft und Minzeblättern im Mixer glatt pürieren. Mit Salz und Pfeffer abschmecken. Zum Schluss die 5 Eiswürfel dazugeben und pürieren.

In Gläser oder Suppenteller füllen, Olivenöl, Fleur de Sel und frisch gemahlenen schwarzen Pfeffer darübergeben und mit jeweils 1 Minzezweig dekoriert servieren.

FOOD PHARMACY GURKEN

Gurken sind vollgepackt mit einfach verfügbaren Mineralien, Vitaminen und Elektrolyten. Sie wirken kühlend auf den Körper und helfen, ihn im Sommer gut hydriert zu halten. Die in Gurken enthaltenen Phytoöstrogene (hormonähnliche Pflanzenwirkstoffe) wirken Studien zufolge präventiv gegen Krebserkrankungen der Brust, der Eierstöcke und der Prostata.

V GF

KALTE TOMATENSUPPE À LA BLOODY MARY

Diese rohe Suppe ist so gesund, dass sie problemlos mit einem Schluck Wodka fertig wird. Schließlich ist sie eine Anspielung auf den berühmtesten Cocktail der Welt – dabei kann man nicht ganz nüchtern bleiben. Ich serviere die Suppe gern als Vorspeise eines Abendessens am heißesten Tag des Sommers, dazu gibt es ein paar Olivenöl-Cracker (siehe **Seite 145**).

Die Tomaten waschen, in Hälften schneiden, Strünke entfernen und das Gemüse vierteln. Im Mixer pürieren und durch ein Sieb streichen. Mit den übrigen Zutaten vermischen. In dickwandige Gläser füllen, 1 Stück Stangensellerie hineingeben, mit Olivenöl beträufeln und etwas frisch gemahlenen schwarzen Pfeffer daraufstreuen. Mit Löffel servieren.

Für 4 Personen als Vorspeise:

Du brauchst:
Einen Mixer

Für die Tomatensuppe:
1 kg reife Tomaten
2 EL Wodka
1 EL Limettensaft
1,5 TL Salz
3/4 TL Meerrettich
Schwarzer Pfeffer
1 Prise Chili

Zum Anrichten:
4 kleine Stücke Stangensellerie mit Grün
1/2 TL natives Olivenöl
Schwarzer Pfeffer

Zeitaufwand:
10 Minuten Zubereitung

FOOD PHARMACY TOMATEN

Das in Tomaten enthaltene Lycopin, das ihnen ihre schöne rote Farbe verleiht, ist ein Carotinoid. Es schützt die Zellmembranen und bekämpft Freie Radikale. Da Carotinoide fettlöslich sind, sollten Tomaten immer mit etwas Olivenöl gegessen werden.

SALATE

V GF

ERDBEER-SPARGEL-SALAT MIT ROSA DRESSING

Dieser Salat sieht nicht nur sexy aus, sondern hat laut traditioneller indischer Ernährungslehre auch eine aphrodisierende Wirkung. Spargel erhöht die Durchblutung des Urogenitaltraktes, und sein hoher Anteil an Vitamin E aktiviert die Produktion und Ausschüttung von Sexualhormonen. Erdbeeren gelten schon immer als anregende Frucht, obwohl man eine wissenschaftlich nachweisbare Wirkung auf die Sexualorgane bisher vergeblich sucht – aber Erotik beginnt ja bekanntermaßen im Kopf.

Für 2 Personen:

Du brauchst:
Einen Mixer

Für den Salat:
500 g weißer Spargel
1 EL Ahornsirup (alternativ: Honig)
80 g Erbsen, frisch oder tiefgekühlt
100 g Babyspinat
ca. 20 Blätter Basilikum
150 g Erdbeeren

Für das rosa Dressing:
100 g Erdbeeren
Zeste und Saft von 1 Bio-Zitrone
3 EL Olivenöl
1 TL Ahornsirup
3/4 TL Salz
Frisch gemahlener schwarzer Pfeffer

Zeitaufwand:
15 Minuten Zubereitung
15 Minuten Kochzeit

Wasser in einem mittelgroßen Topf zum Kochen bringen. Den Spargel schälen, die Enden abschneiden und das Gemüse in mundgerechte Stückc schneiden. Das kochende Wasser salzen und 1 EL Ahornsirup (oder Honig) hinzufügen. Den Spargel im kochenden Wasser al dente kochen. Das dauert je nach Dicke des Spargels ca. 7–15 Minuten.

Wenn du Tiefkühlerbsen verwendest, dann gib die Erbsen für ca. 10 Sekunden zum Spargel ins Wasser, bevor du ihn abgießt. Frische Erbsen brauchen ca. 2 Minuten im kochenden Wasser, dann kannst du sie zusammen mit dem Spargel abgießen.

Spargel und Erbsen abkühlen lassen.

Babyspinat, Basilikum und Erdbeeren waschen. Den Babyspinat auf zwei Tellern anrichten. Die Erdbeeren in dünne Scheiben schneiden und zusammen mit den Spargelstücken und Erbsen auf dem Babyspinat anrichten. Das Basilikum grob hacken und darüber verteilen.

Für das rosa Dressing alle Zutaten im Mixer glatt pürieren.

Das Dressing mit einem Löffel auf den Salat tröpfeln oder in einem kleinen Schälchen dazu servieren, so dass sich jeder selbst nehmen kann.

FOOD PHARMACY SPARGEL

Spargel pflegt die Darmflora, da er den präbiotischen Wirkstoff Inulin enthält. Inulin nährt die guten Darmbakterien und sorgt so für ein gesundes Milieu.

V GF

ORIENTALISCHER BLUMENKOHLSALAT

Dieser Salat wird lauwarm gegessen und kommt bei uns mindestens einmal pro Woche auf den Tisch. Da er fix zubereitet ist und wirklich satt macht, eignet er sich als schnelle und leichte Hauptmahlzeit. Seine gelbe Farbe bekommt er von Kurkumapulver, das die Immunabwehr stärkt.

Für 2 Personen als Hauptgericht oder für 4 Personen als Vorspeise:

Für den Salat:
1 EL Kokosöl
1 EL frisch gehackte Ingwerwurzel
1 TL Salz
3/4 TL Kurkumapulver
1/2 TL Paprikapulver edelsüß
1/4 TL Korianderpulver
1 Blumenkohl (ca. 1 kg), die Röschen abgeschnitten, der Stamm entfernt
40 g Rosinen
100 ml Orangensaft
1 EL Ahornsirup
1 EL Olivenöl
1 EL geröstetes Sesamöl
1 EL Apfelessig
Salz nach Geschmack
Schwarzer Pfeffer

Zum Servieren:
50 g Haselnüsse
20 g Petersilie

1 EL Kokosöl in einer Pfanne erhitzen. Ingwer, Salz, Kurkuma-, Paprika- und Korianderpulver sowie die Blumenkohlröschen und Rosinen dazugeben und ca. 2 Minuten anrösten. Den frischen Orangensaft und Ahornsirup hinzugeben und das Ganze ca. 10–12 Minuten leicht köcheln lassen, bis der Blumenkohl bissfest ist. Mit Olivenöl, geröstetem Sesamöl, Apfelessig, Salz und frisch gemahlenem schwarzem Pfeffer abschmecken.

Die Haselnüsse in einer Pfanne anrösten und anschließend die Haut abreiben. Nüsse und Petersilie hacken, auf den Salat geben und servieren.

Zeitaufwand:
15 Minuten Zubereitung
12 Minuten Kochzeit

FOOD PHARMACY BLUMENKOHL

Blumenkohl ist ein leicht verdauliches Gemüse. Er hat eine aufbauende Wirkung auf den Körper, unterstützt die Regeneration der Darmschleimhaut und fördert den Heilungsprozess bei Gastritis und Magen-Darm-Geschwüren. Sein hoher Anteil an Ballaststoffen macht langanhaltend satt und verbessert gleichzeitig Verdauung und Darmmilieu. Wie alle Kohlarten ist er reich an Vitamin C.

V GF

MAROKKANISCHER QUINOA-SALAT

Dieser Salat ist einer meiner ältesten Freunde. Marokkanischen Quinoa-Salat bereite ich schon seit Jahren mit immer gleich bleibender Begeisterung zu. Manchmal verändere ich seine Zutaten ein wenig, aber im Grunde bleibt er immer der alte. Er macht als Hauptgericht, als Vorspeise oder als Beilage eine gute Figur und wird auf Partys meistens als Erstes gegessen. So einen unkomplizierten, coolen Typen sollte jeder als besten Freund haben.

Für 4 Personen:

Für den Salat:

170 g rote Quinoa
400 ml Wasser
1/3 TL Salz
200 g Gurke
8 getrocknete Aprikosen, ungeschwefelt
1 Granatapfel
50 g Pinienkerne (alternativ: grob gehackte Mandeln)
4 EL Korianderblätter, gehackt
4 EL Minzeblätter, gehackt
2 Handvoll Rucola

Dressing:

Saft und Zeste von 1 Bio-Orange
4 EL Olivenöl
3 EL Apfelessig
1 EL geröstetes Sesamöl
1 TL Zimt
3/4 TL Salz
1/2 TL Ingwerpulver
1/2 TL Kardamompulver
Frisch gemahlener schwarzer Pfeffer

Zeitaufwand:

15 Minuten Zubereitung
15 Minuten Kochzeit

Die Quinoa mit dem Wasser und Salz in einen Topf geben und zum Kochen bringen. Die Hitze reduzieren und das Ganze ca. 15 Minuten bei geschlossenem Deckel simmern lassen, bis das Wasser verkocht und die Quinoa bissfest ist. In eine Salatschüssel geben und abkühlen lassen.

In der Zwischenzeit die Gurke schälen und in kleine Würfel schneiden. Die getrockneten Aprikosen würfeln. Den Granatapfel in zwei Hälften schneiden. Die Hälften nacheinander mit der Schnittseite nach unten über eine große Schüssel halten und mit einem Kochlöffel die Kerne herausschlagen.

Die Pinienkerne in einer Pfanne anrösten und beiseitestellen.

Die Zutaten für das Dressing glatt verrühren.

Alle Zutaten außer den Pinienkernen zu der Quinoa in die Salatschüssel geben und gut vermischen. Mit Pinienkernen bestreuen und servieren.

FOOD PHARMACY GRANATAPFEL

Der Granatapfel hat die Fähigkeit, oxidativen Stress im Körper zu reduzieren und damit Entzündungen vorzubeugen, die im schlimmsten Fall zu Arthritis, Herzerkrankungen und Krebs führen können. Es laufen immer noch zahlreiche Studien, die die Wirksamkeit des Granatapfels in der Krebstherapie untersuchen. Dabei hat man bereits nachweisen können, dass Granatapfelextrakt das Tumorwachstum bei Lungen-, Haut-, Darm- und Prostatakrebs eindämmt.

V GF

CAESAR SALAD MIT WALNUSS-CROÛTONS

Ein guter Caesar Salad ist ein Klassiker, der eigentlich in jedes Küchenrepertoire gehört. Er ist einfach und pur, aber wenn er gut gemacht ist, liefert er eine tolle kleine Mahlzeit und kann mit einer entsprechenden Beilage sogar zur Hauptmahlzeit werden. In Amerika habe ich immer gerne Caesar Salad im Restaurant bestellt, ihn aber nie wirklich gut vertragen, weil mir die Zutaten der Sauce nicht bekommen sind. Zu Hause habe ich mir dann meine eigene Version ausgedacht, die lecker, rundum gesund und verträglich ist. Cheers!

Für 4 Personen:

Du brauchst:
Einen Mixer

Für den Salat:
1 großer Romana-Salat

Für das Dressing:
60 g Cashewkerne
50 ml Wasser
1 TL Dijon-Senf
1 EL Olivenöl
1 EL Apfelessig
2 EL Zitronensaft
2 Knoblauchzehen
3/4 TL Salz
1/2 TL Pfeffer
1 EL Kapern, gehackt

Für die Walnuss-Croûtons:
100 g Walnüsse
2 EL Sojasauce
1 EL Kokosöl

Zeitaufwand:
15 Minuten Zubereitung
30 Minuten Wartezeit

Die Cashewkerne in eine kleine Schüssel geben, mit Wasser bedecken und eine halbe Stunde ziehen lassen. Die Kerne in ein Sieb geben, abwaschen und zusammen mit allen anderen Dressing-Zutaten, außer den Kapern, in einen Mixer geben und glatt pürieren. Wenn das Dressing zu dickflüssig ist, etwas mehr Wasser hinzufügen, bis die richtige Konsistenz erreicht ist. Die gehackten Kapern untermischen.

Die weichen äußeren Blätter des Romana-Salats entfernen (können für die Zubereitung eines grünen Smoothies genutzt werden). Die restlichen Blätter mit den Händen in größere Stücke reißen, waschen und in der Salatschleuder trocknen.

Für die Croûtons die Walnüsse in Stücke brechen und in einer kleinen Schüssel mit der Sojasauce marinieren. 1 EL Kokosöl in einer Pfanne erhitzen und die Nüsse ca. 2 Minuten darin rösten, bis sie leicht gebräunt sind. Beiseitestellen.

Den Salat mit Dressing übergießen und mit den Händen kurz vermischen. Auf Teller geben, mit den Walnuss-Croûtons bestreuen und servieren.

Damit kannst du den Salat zu einer vollständigen Mahlzeit machen:
- Stücke von in Sojasauce mariniertem und gegrilltem Räuchertofu
- einem Stück gegrillter Bio-Hühnerbrust
- einem Stück gegrillten Bio-Lachsfilet

V GF

GRÜNKERN-KÜRBIS-SALAT MIT ZITRONEN-PAPRIKA-KÜRBISKERNEN

Vollkornsalate wurden bis vor einigen Jahren nur von Extrem-Ökos gegessen. Heute kann man sie in den schicksten Restaurants weltweit bestellen. In diesem Salat spielt nussiger Grünkern die Hauptrolle. Er wird von geröstetem Kürbis und zitronigen Kürbiskernen ergänzt.

Für 2 Personen als Hauptgericht oder für 4 Personen als Vorspeise:

Für den Grünkern:
200 g Grünkern, ganzes Korn
600 ml Wasser
1/2 TL Salz

Für den gebackenen Kürbis:
500 g Hokkaido-Kürbis
2 EL Olivenöl
2 Knoblauchzehen
1 TL Paprikapulver
1/2 TL Salz
Schwarzer Pfeffer

Für das Dressing:
5 EL Olivenöl
5 EL Orangensaft
2 TL Senf
4 EL Apfelessig
2 EL Zitronensaft
1 EL Ahornsirup
1 TL Salz
Zeste von 1 Bio-Zitrone

Plus:
50 g Rucola
Kürbiskerne von **Seite 146**

Am Vorabend den Grünkern in Wasser einweichen.

Am nächsten Tag den Grünkern in ein Sieb abgießen und kurz waschen. In einen Topf mit 600 ml Wasser und Salz geben und zum Kochen bringen. Die Hitze reduzieren und das Ganze ca. 1 Stunde köcheln lassen, bis der Grünkern bissfest ist. Den Grünkern in ein Sieb abgießen und beiseitestellen.

Den Ofen auf 180 °C vorheizen.

Den Hokkaido-Kürbis entkernen, mitsamt Schale in schmale Spalten schneiden und in eine Schüssel geben. Das Olivenöl mit gehacktem Knoblauch, Paprikapulver, Salz und frisch gemahlenem schwarzem Pfeffer vermischen. Über die Kürbisspalten geben und mit den Händen gleichmäßig verteilen. Auf ein mit Backpapier ausgelegtes Backblech geben und ca. 20 Minuten backen, bis der Kürbis gar und leicht gebräunt ist.

Die Kürbiskerne zubereiten, wie auf **Seite 146** beschrieben.
Alle Zutaten für das Dressing glatt verrühren und mit dem fertig gekochten Grünkern vermischen.

Den gebackenen Kürbis untermischen, mit Rucola bestreuen und mit den Kürbiskernen garnieren. Nach Bedarf mit Salz und Pfeffer abschmecken und servieren.

Zeitaufwand:
8 Stunden Wartezeit
30 Minuten Zubereitung
1 Stunde Kochzeit

GF

BELUGALINSENSALAT MIT BIRNE UND GERÖSTETEN TRAUBEN

Belugalinsen wurden wegen ihrer optischen Ähnlichkeit nach dem gleichnamigen Kaviar benannt. Sie haben einen feinen Nussgeschmack, der an Maronen erinnert, und eignen sich gut für Salate, weil sie nach dem Kochen fest bleiben. Belugalinsen – und Linsen und Bohnen im Allgemeinen – enthalten hohe Anteile pflanzlichen Proteins und sind eine gute Quelle für Eisen. Deshalb sind sie besonders empfehlenswert für Menschen, die wenig oder gar kein tierisches Eiweiß essen. Alle anderen profitieren darüber hinaus von ihren Darmflora-pflegenden Eigenschaften.

Für 2 Personen als Hauptgericht oder für 4 Personen als Vorspeise:

Für den Salat:
250 g Belugalinsen
500 ml Wasser
1/3 TL Salz
30 g Pinienkerne
1 TL Kokosöl
200 g rote Weintrauben, halbiert und entkernt
250 g Birnen (2 kleine oder 1 große)
50 g würziger Ziegenhartkäse
50 g Rucola
2 Frühlingszwiebeln, in feine Ringe geschnitten

Für das Dressing:
3 EL Olivenöl
3 EL Apfelessig
1 EL Ahornsirup
2 TL Dijon-Senf
1 TL Salz
Frisch gemahlener schwarzer Pfeffer

Zeitaufwand:
15 Minuten Zubereitung
20 Minuten Kochzeit

Die Belugalinsen in einem Sieb kurz abwaschen. Mit 500 ml Wasser und Salz in einen Topf geben und zum Kochen bringen. Sobald das Wasser kocht, die Hitze reduzieren und das Ganze ca. 20 Minuten köcheln, bis die Linsen bissfest sind. In ein Sieb abgießen und etwas abkühlen lassen.

Eine Pfanne erhitzen und die Pinienkerne unter Rühren darin anrösten, bis sie leicht gebräunt sind. In eine kleine Schüssel geben und zur Seite stellen. In derselben Pfanne 1 TL Kokosöl erhitzen und die halbierten Weintrauben ca. 3 Minuten darin anrösten. Beiseitestellen.

Die Birnen halbieren, entkernen und in dünne Scheiben schneiden. Den Ziegenhartkäse in feine Scheiben schneiden.

Für das Dressing alle Zutaten miteinander vermengen.

Die gekochten Linsen mit dem Dressing vermischen. Die Birnenscheiben, Weintrauben, Frühlingszwiebeln und Rucola untermischen und mit Ziegenkäse und Pinienkernen garniert servieren.

V GF

ZUCCHINI-ERDNUSS-SALAT

Ein thailändisch anmutender Salat aus Zucchininudeln mit cremiger Erdnusssauce, frischer Minze und knackigen Nüssen. Ich bereite ihn gerne als leichtes Mittagessen zu. Wenn du allerdings sehr hungrig bist, solltest du noch ein zweites kleines Gericht dazu servieren (zum Beispiel die Linsensuppe von **Seite 156**). Für ein Abendessen unter Freunden könnte er der Auftakt zu dem Orangefarbenen Curry auf **Seite 206** sein.

Für 2 Personen als kleines Zwischengericht oder für 4 Personen als Vorspeise:

Du brauchst:
Einen Spiralschneider

Für den Salat:
800 g Zucchini
80 g Erdnüsse, geröstet und gesalzen
4 EL Minzeblätter, gehackt

Für die Erdnusssauce:
1 TL Kokosöl
2 Frühlingszwiebeln, in feine Ringe geschnitten
200 ml frisch gepresster Orangensaft
2 EL Zitronensaft
50 g Erdnussbutter, ungesüßt
1 TL Salz
Frisch gemahlener schwarzer Pfeffer
1 getrocknete Chilischote

Zeitaufwand:
15 Minuten Zubereitung
3 Minuten Kochzeit

Die Zucchini mit dem Spiralschneider in feine Spaghetti spiralisieren und in eine Schüssel geben. Die Erdnüsse grob hacken und zusammen mit der Minze beiseitestellen.

Für die Erdnusssauce in einem kleinen Topf das Kokosöl erhitzen und die Frühlingszwiebeln ca. 2 Minuten darin anschwitzen. Orangensaft, Zitronensaft und Erdnussbutter, Salz und Pfeffer hinzufügen und glatt verrühren. Die Chili zwischen Frischhaltefolie geben, mit den Fingern zerkrümeln und in die Sauce geben.

Die Sauce über die Zucchini-Spaghetti gießen und mit den Händen gut vermischen. Mit Erdnüssen und Minze bestreuen und servieren.

V GF

KAROTTEN-SESAM-SALAT MIT MINZE

Karotten und Sesam sind ein Paar, dessen Schönheit ich erst kürzlich für mich entdeckt habe. Seitdem kann ich nicht genug davon bekommen und bereite diesen Salat ständig als Vorspeise oder kleine Zwischenmahlzeit zu. Er ist frisch, knackig und hat dieses feine Nussaroma von geröstetem Sesam. Rosinen setzen süße Akzente und lassen den Salat orientalisch wirken.

Die Karotten fein reiben.

Eine Pfanne erhitzen und den Sesam unter Rühren anrösten, bis er zu duften beginnt.

Alle Zutaten für das Dressing glatt verrühren und mit den geriebenen Karotten vermischen.

Sesam, Rosinen und gehackte Minze unter den Karottensalat mischen und sofort servieren.

Für 2 Personen als Vorspeise:

Für den Salat:
250 g Karotten
4 EL Sesam
1 gehäufter EL Rosinen
3 EL frische Minze, gehackt

Dressing:
2 EL Olivenöl
2 EL geröstetes Sesamöl
2 EL Apfelessig
1 TL Ahornsirup
1/2 TL Salz
Frisch gemahlener schwarzer Pfeffer

Zeitaufwand:
10 Minuten Zubereitung
3 Minuten Kochzeit

FOOD PHARMACY KAROTTEN

Der Name der Karotte gibt bereits Aufschluss über einen ihrer wichtigsten Nährstoffe: Betacarotin. Betacarotin gehört zur Gruppe der Carotinoide (sekundäre Pflanzenstoffe) und ist die Bausubstanz, aus der der menschliche Körper Vitamin A bildet. Vitamin A schützt und reguliert die Haut und die Schleimhäute und wird momentan innerhalb wissenschaftlicher Studien auf seine Wirksamkeit in der Prävention und Behandlung von Krebstumoren untersucht, die sich im Bereich der Haut und Schleimhäute bilden (zum Beispiel Lunge, Darm, Gebärmutterhals, Haut und Blase).

V GF

KARTOFFEL-RADIESCHEN-SALAT

Als echte Badenerin bin ich natürlich mit badischem Kartoffelsalat groß geworden und liebe ihn bis heute. Badischer Kartoffelsalat unterscheidet sich von anderen Varianten durch die Zubereitung des Dressings. Gehackte Zwiebel wird in der Pfanne angeschwitzt und mit allen Dressingzutaten vermischt, die dann warm über die Kartoffeln gegossen werden. Da können Joghurt- und Mayonnaisedressings einfach nicht mithalten.

Für 2 Personen als Hauptspeise oder für 4 Personen als Beilage:

Für den Salat:

800 g vorwiegend festkochende Kartoffeln
200 g Radieschen

Für das Dressing:

3 EL Olivenöl (1 EL zum Anbraten)
1 Schalotte
200 ml Gemüsebrühe
1 EL Dijon-Senf
3 EL Apfelessig
1 EL Honig (alternativ: Ahornsirup)
Salz und schwarzer Pfeffer nach Geschmack

Zum Garnieren:

2 EL geschnittener Schnittlauch
2 EL Kapern

Zeitaufwand:
15 Minuten Zubereitung
30 Minuten Kochzeit

Die Kartoffeln schälen und in Salzwasser »al dente« kochen, je nach Größe der Kartoffeln ca. 20–30 Minuten. Mit der Gabel zwischendurch einstechen und die Festigkeit überprüfen.

In der Zwischenzeit die Radieschen waschen und in dünne Scheiben schneiden.

Für das Dressing 1 EL Olivenöl in einer Pfanne erhitzen und die fein gehackte Schalotte darin anschwitzen. Mit Gemüsebrühe ablöschen. Das restliche Olivenöl, Dijon-Senf, Apfelessig und Honig unterrühren und bei schwacher Hitze ca. 3 Minuten simmern lassen. Mit Salz und schwarzem Pfeffer abschmecken. Das Dressing sollte tendenziell zu salzig und sauer schmecken, wenn du es pur probierst – die Kartoffeln neutralisieren den Geschmack später wieder.

Die fertig gegarten Kartoffeln abgießen und in Scheiben schneiden. In eine Schüssel geben und mit dem Dressing und den Radieschen vermischen. Zum Schluss den Schnittlauch und die Kapern darübergeben und lauwarm servieren.

FOOD PHARMACY KARTOFFELN

Kartoffeln sind besser als ihr Ruf. Man sagt ihnen nach, zu viele Kohlenhydrate, zu viel Stärke und zu wenige Nährstoffe zu besitzen. Dabei beinhalten Kartoffeln (auch in gekochter Form) zahlreiche gute Nährstoffe wie beispielsweise Vitamin C, B_6, B_1 und B_3 sowie Kalium, Magnesium, Eisen, Zink und Phosphor. Farbige Kartoffeln (zum Beispiel lilafarbene) haben darüber hinaus einen hohen Anteil an Carotinoiden, die nachweislich den Blutdruck senken.

KLEINE GERICHTE

GF

ROTE-BETE-SPAGHETTI »AGLIO OLIO«

Die Inspiration zu diesem Rezept kommt von meiner Freundin und Kollegin Dagmar, deren Mann Ulli ein leidenschaftlicher und guter Koch ist. Eines Tages schwärmte sie während unseres Skype-Gesprächs vom letzten Abend, an dem Ulli Rote-Bete-Spaghetti zubereitet hatte. Die Begeisterung hat sich sofort übertragen und hält immer noch an, denn Rote Bete eignet sich wirklich perfekt für die Herstellung von Nudeln, weil sie nach kurzem Anbraten genau die richtige »Al dente«-Konsistenz haben.

Für 2 Personen:

Du brauchst:
Spiralschneider
Gummihandschuhe

Für die Rote-Bete-Spaghetti:
2 große Rote Beten (ca. 800 g)
2 getrocknete Chilischoten
4 Knoblauchzehen
30 g Pinienkerne
2 EL Olivenöl
Salz und Pfeffer
Etwas geriebener Ziegen-Hartkäse

Zeitaufwand:
10 Minuten Zubereitung
6 Minuten Kochzeit

Die Gummihandschuhe anziehen, damit deine Hände nicht rot werden. Die Roten Beten jeweils zuerst mit einem scharfen Messer schälen. Mit dem Spiralschneider spiralisieren. Beiseitestellen.

Die Handschuhe anlassen und 2 getrocknete Chili mit den Händen zerreiben und in ein Schälchen geben und zur Seite stellen. Knoblauchzehen mit oder ohne Handschuhe schälen und fein hacken. Eine Pfanne erhitzen und die Pinienkerne leicht anrösten. In eine kleine Schüssel füllen und beiseitestellen. In derselben Pfanne 1 EL Olivenöl erhitzen und Knoblauch und Chili kurz anbraten. Dann die Rote-Bete-Spaghetti dazugeben. Unter Rühren ca. 3–5 Minuten anbraten, je nachdem, wie weich du die Rote Bete magst. Zum Schluss nach Geschmack salzen und pfeffern und den zweiten Esslöffel Olivenöl hinzufügen. Auf Teller geben und mit den Pinienkernen und geriebenem Ziegen-Hartkäse bestreuen.

GF

KICHERERBSEN MIT AUBERGINE

Was diesen Kichererbsensalat besonders macht, sind die marinierten und ofengerösteten Auberginenstücke, die einen satten und süßlichen Geschmack haben. Die Zugabe von Fetakäse ist optional, macht den Salat aber schön reichhaltig, so dass er zu einer sättigenden Hauptmahlzeit wird.

Den Ofen auf 180 °C vorheizen.

Die gewürfelte Aubergine mit der gehackten roten Zwiebel auf ein mit Backpapier ausgelegtes Backblech geben. Olivenöl, Ahornsirup und Salz miteinander vermischen und Aubergine sowie rote Zwiebeln damit marinieren. 20 Minuten backen. Dann weitere 10 Minuten bei Oberhitze und Umluft backen, bis die Aubergine leicht gebräunt ist. Die Kichererbsen in einem Sieb kurz abspülen. In eine Schüssel geben.

Für das Dressing 2 EL der Kichererbsen in eine kleine Schüssel geben und mit der Gabel zerdrücken. Die anderen Dressingzutaten unterheben.

Das Dressing unter die restlichen Kichererbsen mischen. Die fertig gebackene Aubergine und Zwiebel dazugeben und zuletzt den Koriander und Feta darüberstreuen und servieren.

Für 2 Personen als Hauptgericht oder für 4 Personen als Vorspeise:

400 g Aubergine, gewürfelt
1 kleine rote Zwiebel
1 EL Olivenöl
1 EL Ahornsirup
1/2 TL Salz
400 g Kichererbsen aus dem Glas

Für das Dressing:

2 EL der Kichererbsen (von oben)
2 EL Zitronensaft
1 EL Olivenöl
1/2 TL Salz
1/2 TL gemahlener Kümmel

Zum Anrichten:

3 EL Koriander, gehackt
75 g Schaf- oder Ziegenfeta, zerkrümelt (optional)

Zeitaufwand:

10 Minuten Zubereitung
30 Minuten Backzeit

FOOD PHARMACY AUBERGINEN

Auberginen gehören zur Familie der Nachtschattengewächse. Sie sind reich an Antioxidantien und Flavonolen (sekundäre Pflanzenstoffe), die das Herz vor oxidativem Stress schützen. Die enthaltene Chlorogensäure sorgt dafür, dass der Blutzuckerspiegel stabil bleibt und nach einer Mahlzeit nur langsam ansteigt. Studien haben außerdem gezeigt, dass Auberginen eine entgiftende Wirkung haben, indem sie dem Körper helfen, chemische Substanzen schneller zu entsorgen.

GF

OFENFEIGEN MIT BLAUSCHIMMELKÄSE

Wenn du nicht viel Zeit hast, aber eine beeindruckende kleine Vorspeise für Gäste zubereiten willst, dann sind diese Ofenfeigen die beste Wahl. Die Vorbereitung ist minimal, und wenn deine Gäste ankommen, ziehst du die Vorspeise ganz lässig aus dem Ofen.

Für 2 Personen:

Du brauchst:
Eine Ofenform
Backpapier

Für die Ofenfeigen:
4 Feigen
70 g Roquefortkäse von der Ziege
1 EL Zuckerrübensirup
1 EL Apfelessig

Zeitaufwand:
5 Minuten Zubereitung
20 Minuten Backzeit

Den Ofen auf 180 °C vorheizen.

Die Feigen waschen und den Strunk kegelförmig herausschneiden, so dass eine kleine Mulde entsteht.

Das Backpapier in 4 Rechtecke zerschneiden. Jede Feige mit der Mulde nach oben auf eines der Rechtecke setzen, das Papier nach oben falten und die Feigen dicht nebeneinander in die Ofenform setzen. Das Papier soll den Feigensaft auffangen.

Den Roquefortkäse zerkrümeln und in die Mulden der Feigen füllen. Die Feigen 20 Minuten backen.

In der Zwischenzeit den Zuckerrübensirup mit dem Apfelessig vermischen. Vor dem Servieren über die gebackenen Feigen träufeln.

FOOD PHARMACY FEIGEN

Der Kaliumgehalt von Feigen ist sehr hoch. Dadurch halten sie Muskeln und Nerven gesund und unterstützen den Wasserhaushalt des Körpers. Kalium sorgt außerdem dafür, dass der Körper weniger Kalzium über den Urin ausscheidet, wodurch sich automatisch das Kalziumniveau des Körpers erhöht, was wiederum die Knochen stabil hält.

V GF

SOCCA MIT ROSMARIN-SCHMORTOMATEN

Socca ist ein südfranzösisches Fladenbrot aus Kichererbsenteig. In Nizza wird es als »Street Food« an jeder Straßenecke verkauft. Thomas und ich lernten es kennen, als wir ein halbes Jahr in Nizza wohnten. Das Äquivalent zu Socca ist übrigens die Farinata, die im nahen Italien als Armeleuteessen bekannt wurde.

Für 2 Personen als leichtes Gericht oder für 4 Personen als Vorspeise:

Für das Socca:
200 ml Wasser
125 g Kichererbsenmehl
1,5 EL Olivenöl
1 EL Zitronensaft
1 Knoblauchzehe, gehackt
1 TL getrockneter Oregano
1/2 TL Salz
Frisch gemahlener schwarzer Pfeffer

Für die Rosmarin-Schmortomaten:
4 Tomaten (ca. 450 g)
2 EL Olivenöl
1 EL Apfelessig
1 EL Ahornsirup
1 EL frischer Rosmarin, gehackt
1/3 TL Salz
Schwarzer Pfeffer

Zum Anrichten:
Etwas Salz, schwarzer Pfeffer und Olivenöl

Zeitaufwand:
30 Minuten Wartezeit
15 Minuten Zubereitung
45 Minuten Backzeit

Alle Zutaten für den Soccateig mischen und mindestens 30 Minuten ruhen lassen. Das macht das Kichererbsenmehl leichter verträglich.

Den Ofen auf 180 °C vorheizen.

Die Tomaten in Hälften schneiden und mit der Schnittfläche nach oben in eine flache Ofenform (oder auf ein mit Backpapier ausgelegtes Backblech) legen. Olivenöl, Apfelessig, Ahornsirup, gehackten Rosmarin, Salz und Pfeffer in einer kleinen Schüssel vermischen und mit einem Löffel auf den Schnittflächen der Tomaten verteilen. Ca. 20 Minuten im oberen Drittel des Backofens backen (zwischendurch kontrollieren, dass die Tomaten nicht anbrennen).

Nach 20 Minuten die Tomaten auf die unterste Ofenschiene stellen.

Ein Backblech mit Backpapier belegen und den Soccateig mit einem Löffel gleichmäßig dünn darauf verteilen. 12–15 Minuten backen, bis der Teig Risse bekommt und an den Rändern braun wird. Das Socca wenden (dafür am besten das Socca mitsamt Backpapier anheben und mit der Unterseite zuerst zurück aufs Backblech gleiten lassen). Weitere 8–10 Minuten backen, bis das Socca knusprig ist.

Socca und Tomaten aus dem Ofen nehmen, das Socca in Rechtecke schneiden, mit Salz und frisch gemahlenem schwarzem Pfeffer bestreuen und mit Olivenöl beträufeln. Die Tomaten auf Tellern anrichten und zusammen mit dem Socca servieren.

V GF

RÖSTI MIT FELDSALAT UND KARTOFFELDRESSING

Rösti essen wir oft als Mittagessen, viel öfter aber noch als spätes Frühstück am Wochenende. Am besten ist es, auf gut Glück ein paar Kartoffeln am Freitagabend vorzukochen, um sie am Samstag oder Sonntag zu knusprigem Rösti zu verarbeiten.

Für 2 Personen:

Für das Rösti:
4 mittelgroße, vorwiegend festkochende Kartoffeln (ca. 800 g)
1 TL Salz
Schwarzer Pfeffer
4 TL Kokosöl

Für das Kartoffeldressing:
130 g Kartoffeln
130 g Zucchini
1 Knoblauchzehe, gehackt
50 ml Wasser
4 EL Olivenöl
2 EL Apfelessig
1 EL Ahornsirup
1/2 EL Dijon-Senf
1 TL Salz
Schwarzer Pfeffer

Für den Salat:
125 g Feldsalat
30 g Walnüsse, in grobe Stücke gebrochen

Zeitaufwand:
10 Minuten Zubereitung
35 Minuten Kochzeit
2 Stunden Wartezeit

Für das Rösti die Kartoffeln in einen Topf geben und mit kaltem Wasser bedecken. Das Ganze zum Kochen bringen und ca. 15 Minuten kochen. Die Kartoffeln sollen nicht ganz gar sein. Das Kochwasser abschütten, die Kartoffeln auf einen Teller geben und mindestens 2 Stunden abkühlen lassen.

Die Kartoffeln für das Kartoffeldressing schälen und klein würfeln. In leicht gesalzenem Wasser ca. 20 Minuten gar kochen. Die Zucchini schälen und in grobe Stücke schneiden. Zusammen mit der gekochten Kartoffel und allen anderen Dressing-Zutaten im Mixer glatt pürieren.

Die vollständig abgekühlten Rösti-Kartoffeln grob reiben und in einer Schüssel mit Salz und Pfeffer vermischen.

Zwei Pfannen mit je 1 TL Kokosöl erhitzen. Je eine Hälfte der geriebenen Kartoffeln in die Pfannen geben und mit einem Pfannenwender fest zusammenpressen. Bei mittlerer Hitze ca. 10 Minuten anbraten, bis die Röstis auf der Unterseite braun sind. Dann wenden. Dazu einen großen, flachen Teller nehmen und über die Pfanne stülpen. Pfanne und Teller gemeinsam drehen, bis das Rösti auf dem Teller liegt. 1 weiteren TL Kokosöl in beide Pfannen geben und die Röstis mit der ungebackenen Seite nach unten zurück in die Pfanne gleiten lassen. Weitere 8–10 Minuten backen.

Den Feldsalat waschen. Die Walnüsse kurz in der Pfanne anrösten.

Den Feldsalat mit Dressing anmachen und mit den Fingern leicht vermischen. Den Salat auf Tellern mit gerösteten Walnüssen anrichten und zusammen mit dem Rösti servieren.

V GF

GEBACKENER BLUMENKOHL MIT VEGANER MAYONNAISE

Ein im Ganzen gebackener Blumenkohl sieht toll aus und ist ein echter Hit mit selbstgemachter Mayonnaise aus Cashewkernen. Die Mayonnaise passt auch zu vielen anderen Gerichten und kann beispielsweise die Guacamole für die Tortillas auf **Seite 222** ersetzen, die Hamburger von **Seite 212** verfeinern oder die Kartoffel-Wedges auf **Seite 215** ergänzen.

Für 2 Personen:

Für den Blumenkohl:
2 kleine Blumenkohlköpfe (je ca. 600 g), Blätter entfernt
3 EL Olivenöl (plus 1 EL zum Servieren)
2 Knoblauchzehen
1 TL Korianderpulver
1 TL Paprikapulver, edelsüß
1 TL Kurkumapulver
1 TL Salz
Schwarzer Pfeffer
Saft von 1/2 Zitrone

Für die vegane Mayonnaise:
100 g Cashewkerne
70 ml Olivenöl
60 g Wasser
1 Knoblauchzehe
3 EL Zitronensaft
1 TL Ahornsirup
1 TL Apfelessig
1/2 TL Salz
1 EL Kapern

Zeitaufwand:
4 Stunden Wartezeit
15 Minuten Zubereitung
1 Stunde und 15 Minuten Backzeit

Die Cashewkerne entweder 4 Stunden in Wasser einweichen oder 10 Minuten in Wasser weich kochen und abkühlen lassen.

Den Ofen auf 180 °C vorheizen.

Die Blumenkohlköpfe waschen, abtrocknen und auf ein mit Backpapier ausgelegtes Backblech setzen.

Olivenöl, gehackte Knoblauchzehen, Koriander-, Paprika- und Kurkumapulver mit Salz und Pfeffer in einer kleinen Schüssel glatt verrühren, über den Blumenkohl gießen und mit den Händen gleichmäßig darauf verteilen. Ca. 1 Stunde und 15 Minuten backen. Zwischendurch überprüfen, ob die Blumenkohlköpfe ausreichend gebräunt sind, und gegebenenfalls für die restliche Backzeit mit Alufolie abdecken. Gegen Ende der Backzeit mit einer Gabel in die Kohlköpfe stechen und prüfen, ob sie gar sind.

Für die vegane Mayonnaise die eingeweichten Cashewkerne abgießen und kurz waschen. Mit den anderen Mayonnaise-Zutaten – außer den Kapern – im Mixer glatt pürieren. In ein Schälchen geben und die grob gehackten Kapern untermischen.

Die beiden Blumenkohlköpfe auf je einem Teller anrichten, etwas Olivenöl und Saft einer halben Zitrone darüberträufeln und mit je einem Schälchen Mayonnaise servieren.

FOOD PHARMACY CASHEWKERNE

Cashewkerne sorgen durch ihren hohen Magnesiumanteil für ein ausgeglichenes Gemüt und einen guten Schlaf.

HAUPTMAHLZEITEN

GF

MALLORQUINISCHE GEMÜSETÜRME MIT GEBACKENEM ROSMARIN-SCHAFSKÄSE

Geschichtete Gemüsetürme sind auf Mallorca als »Tumbet« bekannt und gelten als beliebtes vegetarisches Gericht. Meine Türmchen kombiniere ich gern mit ofengebackenem Feta und würziger Tomatensauce.

Für 2 Personen:

Für die Gemüsetürme:
1/2 große Kartoffel (ca. 200 g)
1/2 große Aubergine (ca. 120 g)
1/2 große Zucchini (ca. 180 g)
1/2 rote Paprika (ca. 130 g)
1 EL Olivenöl
1 TL Salz
Schwarzer Pfeffer

Für den gebackenen Schafskäse:
1 Schaf-Feta (180 g)
2 TL Ahornsirup
2 TL Olivenöl
2 kleine Rosmarinzweige

Für die Tomatensauce:
2 EL Olivenöl
1 kleine rote Zwiebel
1 Knoblauchzehe
500 g Tomaten, klein gewürfelt
1 EL Kapern
1 EL Ahornsirup
1/2 EL Apfelessig
ca. 3/4 TL Salz
Schwarzer Pfeffer

Zeitaufwand:
20 Minuten Zubereitung
30 Minuten Backzeit

Den Backofen auf 180 °C vorheizen.

Das Gemüse für die Gemüsetürme in ca. 1/2 cm dicke Scheiben schneiden. In eine Schüssel geben, mit Küchenpapier trocken tupfen und mit den Händen Olivenöl und Salz gleichmäßig darauf verteilen. Nebeneinander auf ein mit Backpapier ausgelegtes Backblech geben (bei einer doppelten Portion einfach zwei Backbleche benutzen) und 15 Minuten auf der mittleren Schiene backen.

Ein Backpapier in zwei gleich große Stücke teilen. Den Schaf-Feta halbieren und je eine Hälfte in die Mitte eines Backpapiers legen. Jeweils mit 1 TL Ahornsirup und Olivenöl beträufeln und 1 Rosmarinzweig darauflegen. Das Backpapier oben zusammenfalten und mit einem Bindfaden oder einer hölzernen Wäscheklammer verschließen. Das Backgitter auf der untersten Stufe des Backofens positionieren und den eingepackten Schaf-Feta darauflegen. Zusammen mit dem Gemüse weitere 15 Minuten backen oder so lange, bis das Gemüse gar ist.

In der Zwischenzeit die Tomatensauce zubereiten: Eine Pfanne mit Olivenöl erhitzen und gehackte Zwiebel und Knoblauch ein paar Sekunden darin anbraten. Die Tomaten dazugeben und 5 Minuten köcheln lassen.

Die Hitze reduzieren und Kapern, Ahornsirup und Apfelessig hinzugeben und weitere 5 Minuten köcheln lassen. Mit Salz und frisch gemahlenem schwarzem Pfeffer abschmecken.

Das gebackene Gemüse auf Tellern zu Türmchen aufschichten. Mit Tomatensauce und gebackenem Schafskäse servieren.

V

KARTOFFEL-TRÜFFEL-PIZZA

Die Qualität dieser Pizza hängt von drei Dingen ab: Der Boden muss so flach wie möglich sein, die Kartoffelscheiben sollten hauchdünn geschnitten und das Trüffelöl von bester Qualität sein. Dann erwartet dich ein wunderbares Geschmackserlebnis, denn Kartoffeln und Trüffel sind ein echtes Traumpaar. Mit einem Glas Weißwein am frühen Abend gegessen, können sie der krönende Abschluss eines schönen Wochenendes sein.

Für 2 Pizzen:

Für den Pizzateig:
1/2 Päckchen Trockenhefe (4,5 g)
1 TL Honig
200 ml lauwarmes Wasser
300 g Dinkelmehl, Type 1050 (plus ca. 3 EL zum Bestäuben des Teigs)
1/2 TL Salz
3 EL Olivenöl

Für den Belag:
5–6 Kartoffeln
2 EL Olivenöl
1,5 TL Salz
Schwarzer Pfeffer
2 EL Trüffelöl

Zeitaufwand:
15 Minuten Zubereitung
24 Minuten Backzeit
1 Stunde Wartezeit

In einer kleinen Schüssel die Hefe mit dem Honig und lauwarmem Wasser vermischen (Achtung, das Wasser darf nicht über 40 °C warm sein, sonst leidet die Hefe).

In einer großen Schüssel das Mehl mit dem Salz vermischen. Dann die Hefemischung und das Olivenöl mit einem Holzlöffel oder den Knethaken des Handrührgeräts unterkneten. Den Teig mit Mehl bestäuben und mit den Händen zu einer Kugel formen. Die Schüssel mit einem sauberen Küchentuch abdecken und den Teig an einem warmen Ort 1 Stunde gehen lassen.

Den Ofen auf 250 °C vorheizen.

Zwei Backbleche mit Backpapier auslegen. Den Teig in zwei Portionen aufteilen. Jeweils eine Portion auf ein Backblech geben und mit bemehlten Händen oder dem Nudelholz in eine dünne, kreisrunde Form bringen.

Die Kartoffeln schälen und in sehr dünne Scheiben schneiden. So auf dem Pizzaboden verteilen, dass sich die Scheiben leicht überlappen.

Jeweils mit 1 EL Olivenöl beträufeln und mit einem 3/4 TL Salz und etwas frisch gemahlenem schwarzem Pfeffer bestreuen. Eine Pizza nach der anderen backen. Jeweils ca. 12 Minuten. Das Trüffelöl in eine kleine Schüssel geben und mit einem Pinsel die fertig gebackene Pizza gleichmäßig damit bestreichen.
Bon appétit!

V GF

ORANGEFARBENES CURRY

Die Farbe Orange hat eine aufbauende und belebende Wirkung, und das Gleiche wird auch orangefarbenen Lebensmitteln nachgesagt. Dieses Curry kann man immer essen, aber am besten wirkt es, wenn man seine Laune an einem grauen und regnerischen Tag verbessern möchte.

Für 2 Personen:

Für den Kokosreis:
125 g weißer Basmatireis (oder Vollkornreis, dann Wasser nach Packungsanweisung hinzufügen und Kochzeiten anpassen)
250 ml Wasser
2 EL Kokosraspel
1/4 TL Salz
1/2 EL Kokosöl
10 g Rosinen

Für das Curry:
500 g Hokkaido-Kürbis
200 g Karotten (ca. 3 mittelgroße)
80 g rote Linsen
10 g frischer Ingwer
1 Knoblauchzehe
1 EL Kokosöl
1/2 TL Kardamompulver
1/2 TL Korianderpulver
1 Dose Kokosmilch
Saft von 2 Orangen
Schale von 1 Bio-Orange
3/4 TL Salz
3/4 TL Kurkumapulver
Schwarzer Pfeffer

Zeitaufwand:
15 Minuten Zubereitung
20 Minuten Kochzeit

Den Basmatireis in einem Sieb waschen, in einen Topf mit passendem Deckel geben und Wasser, Kokosraspel und Salz hinzufügen. Das Ganze bei geschlossenem Deckel zum Kochen bringen. Sobald das Wasser kocht, die Hitze auf die niedrigste Temperatur einstellen und den Reis ca. 15 Minuten ziehen lassen, bis er gar ist. Die Herdplatte gegebenenfalls ganz ausschalten, damit nichts anbrennt. Wenn der Reis gar ist, 1/2 EL Kokosöl und die Rosinen hinzufügen und bei geschlossenem Deckel warm halten, bis das Curry fertig ist.

Für das Curry den Kürbis in mundgerechte Würfel schneiden. Die Karotten schälen und in Scheiben schneiden. Die Linsen in ein Sieb geben und gründlich waschen. Ingwer und Knoblauch schälen und fein würfeln.

Eine tiefe Pfanne oder einen Topf erhitzen, 1 EL Kokosöl darin schmelzen und Kardamom- und Korianderpulver, Knoblauch und Ingwer kurz darin anrösten. Dann Kürbis, Karotten und rote Linsen hinzufügen und kurz anbraten. Kokosmilch, Orangensaft und Orangenzeste dazugeben und bei mittlerer Hitze ca. 20 Minuten köcheln lassen, bis Gemüse und Linsen gar sind. Wenn das Curry zu dickflüssig ist (die Linsen saugen Flüssigkeit), mehr Orangensaft oder Wasser hinzufügen, bis die gewünschte Konsistenz erreicht ist. Zum Schluss mit Salz, Kurkumapulver und frisch gemahlenem schwarzem Pfeffer und abschmecken und mit dem Kokosreis servieren.

FOOD PHARMACY KURKUMA

Kurkuma mit seinem leuchtenden Orange wirkt entzündungshemmend, stimuliert die Produktion von Magensaft und Galle, regt den Zellstoffwechsel an, stärkt das Immunsystem und hilft bei Erkältungen. Kurkuma sollte am besten mit frisch gemahlenem schwarzem Pfeffer kombiniert werden, da es so seine Wirksamkeit erhöht.

V GF

IN AROMAÖL GESCHMORTER GRÜNER SPARGEL AUF SÜSSKARTOFFELPÜREE

Süßkartoffeln habe ich zum ersten Mal vor einigen Jahren gegessen, und seitdem sind sie aus meiner Küche nicht mehr wegzudenken. Püree aus Süßkartoffeln ist aromatischer als normales Kartoffelpüree und liefert eine leicht süße Basis für den frischen grünen Spargel in Frühlingszwiebelöl. Süßkartoffeln sind nicht nur lecker, sondern ein echtes Superfood. Bereits eine einzige Kartoffel deckt mehr als unseren gesamten Tagesbedarf an Betacarotin, das in Vitamin A umgewandelt wird und für eine gesunde und schöne Haut essenziell ist. Auch der Vitamin-C-Anteil einer Süßkartoffel ist beinahe ausreichend für einen Tag und wirkt unterstützend auf unser Immunsystem.

Für 2 Personen:

Du brauchst:
Eine Ofenform

Für den in Aromaöl geschmorten grünen Spargel:
500 g grüner Spargel
50 ml Olivenöl
1 Frühlingszwiebel, in feine Ringe geschnitten
1 Knoblauchzehe, gehackt
Zeste von 1 Bio-Zitrone
1/2 TL Salz

Für das Süßkartoffelpüree:
800 g Süßkartoffeln
1 EL Zitronensaft
1 EL Olivenöl
1 TL Dijon-Senf
1 TL Salz (plus mehr nach Geschmack)

Zeitaufwand:
15 Minuten Zubereitung
35 Minuten Backzeit

Den Ofen auf 180 °C vorheizen.

Den grünen Spargel waschen, die Enden abschneiden, die untere Hälfte schälen und in eine Ofenform legen.

Olivenöl, Frühlingszwiebelringe, Knoblauch, Zitronenzeste und Salz in einer kleinen Schüssel mischen, über den Spargel gießen und mit den Händen marinieren. Auf der mittleren Ofenschiene 30–35 Minuten backen, bis der Spargel bissfest ist.

Süßkartoffeln schälen und würfeln. In leicht gesalzenem Wasser zum Kochen bringen. Ca. 8 Minuten köcheln lassen, bis die Süßkartoffeln weich sind. Abgießen und dabei das Kochwasser auffangen. Die Süßkartoffeln plus 4 EL Kochwasser und alle anderen Püreezutaten im Mixer oder mit dem Zauberstab cremig pürieren. Wenn du den Mixer benutzt, brauchst du wahrscheinlich einen Stopfer, mit dem du das Püree immer wieder nach unten drückst, da es nicht sehr flüssig ist. Das Püree zurück in den Topf füllen und warm stellen.

Wenn der Spargel fertig gebacken ist, das Süßkartoffelpüree auf Tellern anrichten, den Spargel daraufschichten und mit dem Aromaöl aus der Ofenform beträufeln.

V GF

PASTA MIT KÜRBISCREME

Diese Pastasauce ist unglaublich cremig, und man kann sich kaum vorstellen, dass nicht Unmengen an Butter, Sahne und Eiern drinstecken. Ich habe damit sogar schon kleine Kinder mit Gemüsephobie überlistet, die zum Erstaunen ihrer Mütter doppelten Nachschlag verlangten.

Für 4 Personen:

Für die Kürbiscreme:
1 kleiner Hokkaido-Kürbis (ca. 800 g)
500 ml Mandelmilch, ungesüßt
1 EL Zitronensaft
Zeste von 1 Bio-Zitrone
1 TL Dijon-Senf
1,5 TL Salz
Frisch gemahlener schwarzer Pfeffer
2 EL Rosmarin, gehackt (plus 1 EL mehr zum Anrichten)

Für die Pasta:
350 g Makkaroni (zum Beispiel Quinoa oder Dinkel)

Zeitaufwand:
10 Minuten Zubereitung
20 Minuten Kochzeit

Wasser und etwas Salz in einen großen Topf geben und für die Pasta zum Kochen bringen.

Den Kürbis waschen und würfeln. Zusammen mit der Mandelmilch in einen Topf geben und zum Kochen bringen. Die Hitze reduzieren und den Kürbis ca. 20 Minuten leicht köcheln lassen, bis er weich ist. Anschließend im Mixer cremig pürieren. Zurück in den Topf geben und mit den restlichen Zutaten für die Kürbiscreme mischen. Warm stellen.

Die Makkaroni im Wasser als dente kochen. Nach dem Abgießen des Kochwassers die Nudeln im Topf mit der Kürbiscreme vermischen. Auf vier Teller verteilen und mit gehacktem Rosmarin bestreut servieren.

FOOD PHARMACY KÜRBIS

Kürbisse enthalten komplexe Kohlenhydrate, die entzündungshemmend wirken. Ihr hoher Anteil an Vitalstoffen wie Alpha- und Betacarotin, Vitamin C, Mangan und Magnesium bewirkt, dass Kürbisse gut fürs Herz sind und das Risiko eines Herzinfarkts oder Schlaganfalls minimieren. Der runde Kürbis ist außerdem das Gemüse schlechthin für Schwangere, weil er natürliche Folsäure enthält, die für die Entwicklung des Embryos wichtig ist.

FREUNDSCHAFTSBURGER

Die Ernährungsgewohnheiten meines Freundeskreises und meiner Familie sind alles andere als homogen. Der eine isst Fleisch, der andere nicht; der eine mag Fisch, der andere hasst ihn; der Nächste isst keine Bohnen, der andere isst fast nichts anderes, usw. Ich esse gerne Hamburger. Da ich ihn inklusive Brötchen selbst mache, bereite ich ihn meistens gleich für mehrere Personen zu. Und aufgrund der unterschiedlichen Vorlieben gibt es eben nicht nur eine Art von Burger-Bulette, sondern mindestens zwei. Eine ist für Vegetarier und Menschen, die keinen Fisch mögen, die andere ist für alle, die Bohnen nicht mögen und Fisch gut finden (zum Beispiel mein Mann). Ich finde Unterschiede gut. Wir sollten sie öfter feiern und seltener bekämpfen. Auch und gerade bei Ernährungsfragen. Darauf einen Burger!

Für die Burger-Brötchen die Mandelmilch lauwarm erwärmen. In eine Schüssel geben und mit Trockenhefe und Honig vermischen. 10 Minuten stehen lassen, bis sich ein paar Blasen bilden.

Das Dinkelmehl in einer Schüssel mit Salz vermengen. Die angerührte Hefe und das Olivenöl dazugeben und zuerst mit einem Holzlöffel, dann mit den Händen 2 Minuten gut verkneten. Den Teig zu einer Kugel formen, die Schüssel mit einem sauberen Handtuch abdecken und an einem warmen Ort (zum Beispiel im leicht vorgewärmten und wieder ausgeschalteten Backofen) 1 Stunde gehen lassen.

Für die Bohnenburger die Kidneybohnen in ein Sieb geben und abwaschen. In einem Suppenteller mit einer Gabel grob zerdrücken. Sie dürfen ruhig etwas stückig bleiben. Mit allen anderen Bohnenburger-Zutaten vermischen. In 4 Portionen aufteilen, jeweils zur Kugel formen, auf einen flachen Teller geben und flach drücken, so dass die typische Bulettenform entsteht.

Für die Lachsburger alle Zutaten in die Küchenmaschine geben und zu einer formbaren Masse verarbeiten. Ebenfalls in 4 Kugeln aufteilen und flach drücken.

Den Brötchenteig nach einer Stunde in 6 Portionen aufteilen und zu Kugeln formen. Auf ein mit Backpapier ausgelegtes Backblech legen und leicht flach drücken. Mit dem Küchenhandtuch abdecken und 30 Minuten gehen lassen (dieses Mal nicht im Ofen).

Den Ofen auf 180 °C vorheizen.

Jedes der Brötchen mit Wasser einpinseln und mit Sesam bestreuen. 20 Minuten lang backen, bis die Brötchen goldbraun sind. Vor dem Servieren ca. 10 Minuten abkühlen lassen. Die Brötchen, die nicht gegessen werden, zum Frühstück genießen oder einfrieren.

Beide Bulettenarten in jeweils einer großen Pfanne in Kokosöl anbraten. Pro Seite ca. 3–4 Minuten, bis sie gut gebräunt sind.

Die Brötchen aufschneiden, mit den Buletten belegen, 1 Tomatenscheibe, 1 Salatblatt und Ketchup (siehe **Seite 215**) daraufgeben und mit der oberen Brötchenhälfte abschließen.

Für 4 Personen:

Für die Burger-Brötchen (ergibt 6 Stück):
250 g Mandelmilch, ungesüßt
9 g Trockenhefe
1 EL Honig (alternativ: Ahornsirup)
450 g Dinkelvollkornmehl
1,5 TL Salz
2 EL Olivenöl
1 EL Sesam

Für die Bohnenburger (ergibt 4 Stück):
215 g Kidneybohnen aus dem Glas (Abtropfgewicht)
50 g Dinkelvollkornmehl
3 EL Olivenöl
1 TL Dijon-Senf
1 Knoblauchzehe, gehackt
1/2 TL gemahlener Kümmel
1/2 TL Paprikapulver, edelsüß
1/3 TL Salz
Frisch gemahlener schwarzer Pfeffer
50 g getrocknete Tomaten, gehackt
2 EL Kokosöl zum Anbraten

Für die Lachsburger (ergibt 4 Stück):
300 g Bio-Lachsfilet
2 EL Korianderblätter, gehackt
1/2 TL Salz
Zeste von 1 Bio-Zitrone
1 EL Zitronensaft
2 EL Kokosöl zum Anbraten

Für den Belag:
2 Tomaten
6 Blätter Romanasalat
Ketchup (siehe **Seite 215**)

Zeitaufwand:
1 Stunde und 40 Minuten Wartezeit
30 Minuten Zubereitung
20 Minuten Backzeit

V GF

DIE KNUSPRIGSTEN KARTOFFEL-WEDGES MIT ZITRONEN-BROKKOLI UND KETCHUP

Die Idee zu diesem Rezept kommt von meinem Mann Thomas. Zusammen haben wir dann lange herumexperimentiert, bis die Kartoffel-Wedges so knusprig waren, wie wir sie uns wünschten. Es ist uns geglückt – mit einem kleinen Trick ...

Für 2 Personen:

Für die Kartoffel-Wedges:
900 g große Kartoffeln
4 EL frisch gepresster Zitronensaft
2 EL Kokosöl, geschmolzen
3/4 TL Salz
Frisch gemahlener schwarzer Pfeffer

Für den Zitronen-Brokkoli:
2 Knoblauchzehen
Schale von 1 Bio-Zitrone
4 EL Olivenöl
2 EL Zitronensaft
1 rote Chilischote, zerdrückt
2 EL Koriander, gehackt
1/2 TL Salz
Frisch gemahlener schwarzer Pfeffer
400 g Brokkoliröschen

Für den Ketchup:
80 g Bio-Tomatenmark
1 EL Zitronensaft
1 EL Ahornsirup
3/4 TL Salz

Zeitaufwand:
20 Minuten Zubereitung
50 Minuten Backzeit

Die Kartoffeln schälen und der Länge nach in 6 Stifte schneiden. Abspülen und gut abtrocknen. In einer Schüssel mit Zitronensaft marinieren. In ein Sieb füllen, das Sieb in eine passende Schüssel hängen, abdecken und 1 Stunde in den Kühlschrank stellen.

Den Backofen auf 180 °C vorheizen.

Die Kartoffeln aus dem Kühlschrank nehmen und mit Küchenpapier trocken tupfen. In einer Schüssel mit geschmolzenem Kokosöl, Salz und Pfeffer marinieren. Auf einem mit Backpapier ausgelegten Backblech ca. 40 Minuten backen. Dann den Ofen auf Oberhitze und Umluft umschalten und die Wedges ca. 5 Minuten backen, bis sie gut gebräunt sind. Die Wedges umdrehen und weitere 5 Minuten backen. Nach Bedarf noch etwas nachsalzen.

Für den Zitronen-Brokkoli den Knoblauch in dünne Scheiben schneiden. Die Zitrone heiß abspülen, die Schale mit einem scharfen Messer fein abschneiden und in dünne Streifen schneiden. Das Olivenöl in einer Pfanne leicht erhitzen, den Knoblauch und die Zitronenschale dazugeben und ca. 2 Minuten andünsten. Zitronensaft und Chilischote hinzufügen und unter Rühren kurz weiterkochen. Vom Herd nehmen und den gehackten Koriander, das Salz und den Pfeffer unterrühren.

Die Brokkoliröschen in leicht gesalzenes kochendes Wasser geben und ca. 5 Minuten köcheln lassen, bis sie bissfest sind. In ein Sieb abgießen. In den Topf zurückgeben und warm halten.

Für den Ketchup alle Zutaten miteinander vermengen.

Zum Servieren die Wedges in kleine Schalen füllen. Den Brokkoli mit Zitronen-Koriander-Sauce vermischen und alles zusammen mit Ketchup servieren.

GF

SÜSSKARTOFFELKUCHEN »EIER BENEDIKT«

Dieses Gericht kann zu jeder Tageszeit serviert werden, auch als spätes Sonntagsfrühstück. Oft bereite ich nur die Süßkartoffelküchlein zu, da sie so lecker sind, dass man sie sowohl pur als auch in Kombination mit einem grünen Salat essen kann. Zusammen mit pochiertem Ei und cremiger Avocadosauce bilden die Küchlein eine extrem befriedigende und runde Mahlzeit.

Für 2 Personen:

Für die Süßkartoffelkuchen (ergibt ca. 5 Stück):
600 g Süßkartoffeln, geschält und klein gewürfelt
1 EL Olivenöl
80 g Vollkornreismehl
4 EL Frühlingszwiebeln, in Ringe geschnitten
3/4 TL Salz
Schwarzer Pfeffer
2 EL Kokosöl zum Anbraten

Für die Avocado-Hollandaise:
1 Avocado (ca. 250 g)
100 ml Wasser
3 EL Zitronensaft
1 EL Olivenöl
1 TL Meerrettichcreme
1 TL Salz

Für den Belag:
100 g Spinat
1/2 EL Olivenöl
1/3 TL Salz
2 Bio-Eier

Zeitaufwand:
20 Minuten Zubereitung
40 Minuten Back- und Kochzeit

Den Ofen auf 180 °C vorheizen.

Die gewürfelten Süßkartoffeln auf ein mit Backpapier ausgelegtes Backblech legen, mit dem Olivenöl beträufeln und mit den Händen gut vermischen. Ca. 30 Minuten backen, bis die Süßkartoffeln weich sind.

Alle Zutaten für die Avocado-Hollandaise im Mixer cremig pürieren und beiseitestellen.

Die fertig gebackenen Süßkartoffeln in einen tiefen Teller geben und mit einer Gabel zu Mus zerdrücken. Das Vollkornreismehl und 2/3 der Frühlingszwiebeln hinzufügen. Mit Salz und frisch gemahlenem schwarzem Pfeffer würzen und alles gut vermischen. 2 EL große Portionen entnehmen, zu Bällen formen und flach drücken. Durchmesser und Höhe sollen so sein wie die einer Burger-Bulette.

Eine beschichtete Pfanne erhitzen und 1 EL Kokosöl hineingeben. Je nach Größe der Pfanne 4 der Süßkartoffelkuchen hineinsetzen und anbraten. Die Hitze etwas reduzieren, damit die Kuchen nicht anbrennen (sie brennen leicht an, deswegen gut aufpassen!). Nach ca. 4 Minuten, oder wenn die Kuchen gebräunt und knusprig sind, wenden und weitere 3–4 Minuten anbraten. Gegebenenfalls im vorgewärmten Backofen warm halten.

Einen mittelgroßen Topf erhitzen und den gewaschenen Spinat (ganze Blätter) mit dem 1/2 EL Olivenöl und 1/3 TL Salz kurz anschwitzen und warm stellen.

Wasser in eine tiefe Pfanne füllen und zum Kochen bringen. Wenn das Wasser kocht, die Hitze reduzieren, bis es nicht mehr blubbert. Dann nacheinander die Eier an der Kante der Pfanne aufschlagen und dicht über der Wasseroberfläche vorsichtig ins Wasser gleiten lassen. Ca. 3–4 Minuten im heißen Wasser garen, mit einer Schöpfkelle aus dem Wasser nehmen und kurz auf Küchenpapier abtropfen lassen. Zuletzt 1 Prise Salz darübergeben.

Auf je einem Teller zuerst Süßkartoffelkuchen, dann Spinat und pochiertes Ei stapeln, mit Avocado-Hollandaise übergießen und mit den restlichen Frühlingszwiebeln bestreuen.

V

FALAFEL MIT QUINOA-KRÄUTER-SALAT

Falafel sind eigentlich gesund, wenn man sie nicht gerade in einen Topf mit minderwertigem Öl wirft. Meine Falafel werden schonender und ohne Fritteuse zubereitet, sind aber mindestens genauso lecker wie ihre fettige Verwandtschaft.

Für 2 Personen:

Für den Kräutersalat:
120 g Quinoa
350 ml Wasser
1/3 TL Salz
80 g Rucola, grob gehackt
4 EL Minze, grob gehackt
4 EL Koriander, grob gehackt
3 EL Zitronensaft
3 EL Olivenöl
1 EL Ahornsirup
1/3 TL Salz

Für die Falafelbällchen (ergibt 9 Stück):
30 g Haferflocken, Kleinblatt (glutenfrei, wenn nötig)
4 EL Minze, grob gehackt
4 EL Koriander, grob gehackt
220 g Kichererbsen aus dem Glas (Abtropfgewicht)
1 EL Olivenöl
1 EL Zitronensaft
1 EL Apfelmus, ungesüßt
1/3 TL gemahlener Kreuzkümmel
1/4 TL Salz
1 EL Kokosöl zum Anbraten

Für die Sesamsauce:
3 EL geröstetes Sesammus
80 ml frisch gepresster Orangensaft
1 EL Apfelessig
1/2 TL Salz
Frisch gemahlener schwarzer Pfeffer

Die Quinoa in ein Sieb geben und abwaschen. Mit Wasser und Salz in einem Topf zum Kochen bringen. Die Hitze reduzieren und das Ganze ca. 20 Minuten köcheln lassen, bis die Quinoa bissfest ist. Die Quinoa in eine Schüssel umfüllen, damit sie möglichst schnell abkühlt.

Den Backofen auf 180 °C vorheizen.

Für die Falafelbällchen die Haferflocken mit den Kräutern in der Küchenmaschine 20 Sekunden grob pürieren. Dann die restlichen Zutaten, bis auf das Kokosöl, hinzugeben und kurz pürieren. Die Masse sollte etwas stückig bleiben.

Ein Backblech mit Backpapier auslegen und esslöffelgroße Portionen des Falafelteigs mit den Händen zu Kugeln formen, auf das Backblech geben und etwas flach drücken.

6 Minuten auf einer Seite backen und 6 Minuten auf der anderen.

In der Zwischenzeit alle Zutaten für die Sesamsauce in der Küchenmaschine (oder mit einem Löffel) vermischen und beiseitestellen.

Für den Kräutersalat den gehackten Rucola und die Kräuter mit Quinoa mischen. In einer Tasse Zitronensaft, Olivenöl, Ahornsirup und Salz glatt verrühren. Alle Salatzutaten in einer Schüssel miteinander mischen.

In einer Pfanne 1 EL Kokosöl erhitzen und die gebackenen Falafel auf beiden Seite je ca. 2–3 Minuten rösten, bis sie leicht gebräunt sind.

Auf einem Teller mit Kräutersalat anrichten und eine kleine Schale Sesamsauce dazu reichen.

Zeitaufwand:
20 Minuten Zubereitung
20 Minuten Koch- und Backzeit

WEISSER SPARGEL MIT ÜBERRASCHENDER SAUCE HOLLANDAISE UND DINKEL-CRÊPES

Sauce hollandaise ist ein Klassiker, der aber in den wenigsten Haushalten frisch gemacht wird und deshalb ziemlich oft aus der Tüte kommt. Gleichzeitig besteht sie aus fast nichts anderem als Butter und Eiern und ist somit eine echte Kalorienbombe. Diese Version basiert auf einer ganz anderen Zutat, ist schnell und unkompliziert herzustellen und ein toller Begleiter für alle weißen Spargelgerichte.

Für 2 Personen:

Für den Spargel:
1 kg weißer Spargel
Salz
Ahornsirup

Für die Hollandaise:
250 g weiße Bohnen aus dem Glas (Abtropfgewicht)
100 ml Wasser
3 EL Olivenöl
2 EL Zitronensaft
Zeste von 1/2 Bio-Zitrone
1 TL Dijon-Senf
2/3 TL Salz

Für die Dinkel-Crêpes (ergibt 3 bis 4 Stück):
100 g Dinkelmehl, Type 1050
1/2 TL Salz
1/2 TL Weinstein-Backpulver
300 ml Mandelmilch, ungesüßt
3 EL Frühlingszwiebel, gehackt
3–4 TL Kokosöl zum Anbraten

Zeitaufwand:
20 Minuten Zubereitung
20 Minuten Kochzeit

Den Ofen auf 100 °C vorheizen und einen großen Teller hineinstellen. Nach 10 Minuten wieder ausschalten. Darin hältst du später die fertigen Crêpes warm.

Den Spargel waschen, schälen und die Enden abschneiden. Eine tiefe Pfanne oder einen großen Topf mit so viel Wasser füllen, dass es den Spargel bedecken kann. Das Wasser zum Kochen bringen. Etwas Salz und Ahornsirup dazugeben und den Spargel je nach Dicke zwischen 10 und 15 Minuten bissfest kochen. Dann abgießen und warm stellen.

Für die Hollandaise die weißen Bohnen in ein Sieb geben und mit Wasser gut abspülen. Zusammen mit den anderen Hollandaise-Zutaten im Mixer cremig pürieren. In einen kleinen Topf füllen und beiseitestellen.

Alle Zutaten für die Crêpes (außer dem Kokosöl) in einer Schüssel glatt vermischen. Eine Pfanne erhitzen und pro Crêpe ca. 1 Schöpfkelle Teig in 1 TL Kokosöl anbraten. Erst wenden*, wenn die Ränder der Crêpe braun sind. Die fertigen Crêpes im Ofen warm halten.

Die Hollandaise erhitzen und zusammen mit je 1 Crêpe und dem Spargel auf zwei Tellern anrichten.

* Wenn die Crêpe bricht, dann mach das Beste draus und teile sie mit einem Bratenheber in grobe Stücke auf. So kannst du sie sogar noch knuspriger anbraten und sie sieht ein bisschen wie Kaiserschmarren aus.

V

TORTILLAS MIT ROTKOHL

Tortillas sind ein echtes »Street Food«. Besonders gerne mag ich, dass man sie mit den Händen essen muss. Der marinierte Rotkohl als Füllung liefert eine große Menge an Bitterstoffen und Vitamin C und harmoniert geschmacklich mit der Guacamole. Ich mache die Tortilla-Fladen gerne selbst, aber du kannst das Rezept auch mit Tortillas aus dem Bio-Laden herstellen und sie in einer Pfanne ohne Fett jeweils ca. 1 Minute bei mittlerer Temperatur anbraten, bis sie ein paar braune Flecken bekommen.

Für 2 Personen:

Für die Tortillas (ergibt 4 Stück):
120 g Dinkelvollkornmehl
1/3 TL Salz
1/3 TL Weinstein-Backpulver
2 EL Olivenöl
70 ml Wasser

Für den Rotkohlsalat:
300 g Rotkohl
2 EL Apfelessig
2 EL Olivenöl
1 EL Ahornsirup
1 TL Salz

Für die Guacamole:
300 g Avocado
2 EL Zitronensaft
1 TL Dijon-Senf
1 TL Salz
1–2 EL Wasser
Schwarzer Pfeffer

Zeitaufwand:
20 Minuten Zubereitung
20 Minuten Kochzeit
20 Minuten Wartezeit

Für die Tortillas alle Zutaten in einer Schüssel gut vermischen. Wenn der Teig zu klebrig ist, etwas mehr Mehl hinzufügen. Auf einer bemehlten Arbeitsfläche den Teig in 4 Portionen teilen und zu Kugeln formen. Ca. 20 Minuten ruhen lassen.

Den Ofen auf 100 °C vorheizen und einen großen Teller hineinstellen. Den Ofen nach ca. 10 Minuten wieder ausschalten. Darin kannst du später die Tortillas warm halten.

Den Rotkohl in feine Streifen schneiden und in eine große Schüssel geben. Apfelessig, Olivenöl, Ahornsirup und Salz mischen und über den Rotkohl gießen. Das Dressing mit den Händen kräftig einmassieren. So wird der Rotkohl weicher.

Für die Guacamole alle Zutaten in der Küchenmaschine pürieren. Gegebenenfalls 1–2 EL Wasser hinzufügen, wenn die Masse zu dickflüssig ist und sich nicht gut pürieren lässt. Mit frisch gemahlenem schwarzem Pfeffer abschmecken.

Eine Pfanne erhitzen. Auf einer gut bemehlten Oberfläche die erste Tortilla-Teigportion mit bemehlten Händen oder einem bemehlten Nudelholz flach auswellen. In die erhitzte Pfanne geben. Wenn die Unterseite nach ca. 2–3 Minuten braun ist, umdrehen und weitere 2–3 Minuten braten (dabei immer kontrollieren, dass die Tortilla nicht anbrennt!).

Die Tortillas im vorgewärmten Ofen warm halten. Dann mit Guacamole und Rotkohlsalat füllen und servieren.

TIPP: Mache gleich eine doppelte Portion Tortillas und friere die Hälfte ein. Dann geht es nächstes Mal noch schneller!

SÜSSES

V GF

ESPRESSO-GRANITA WIE IN ROM

Espresso-Granita habe ich erstmals in einer Bar in Rom kennengelernt und dachte mir, dass es keinen schöneren Moment zum Sterben geben könnte. Heute bin ich froh, dass ich überlebt habe, denn so kann ich immer noch möglichst oft ein Gläschen Espresso-Granita genießen und dieses Rezept mit dir teilen.

Für 4 Personen:

Für die Espresso-Granita:
40 g Espressopulver
450 ml gefiltertes Wasser
5 EL Ahornsirup, Grad A

Zeitaufwand:
5 Minuten Zubereitung
4 Stunden Kühlzeit

Das Espressopulver zusammen mit Wasser und Ahornsirup in einem Topf zum Kochen bringen. Vom Herd nehmen und abkühlen lassen. Durch einen Kaffeefilter gießen und in eine flache Form füllen (am besten aus Glas oder Edelstahl) und 4 Stunden in den Tiefkühler stellen. In dieser Zeit einmal pro Stunde mit einer Gabel verrühren, damit sich schöne Eiskristalle bilden.

LILLYS GRANITA

Mein Hund Lilly liebt Eis genauso sehr wie ihr Frauchen. Im Sommer bekommt sie deshalb ihre eigene Granita.

Für Lillys Granita:
250 g Ziegenjoghurt, natur
1 EL Ahornsirup (alternativ: Honig)

Den Joghurt mit Ahornsirup vermischen, in eine flache Schüssel geben und 4 Stunden tiefkühlen. Jede Stunde mit einer Gabel verrühren.

Je nach Größe des Hundes ca. 2–5 EL der Granita in einem hübschen Hundenapf servieren.

V GF

ZITRONEN-CRÈME-BRULÉE

Das Knacken der harten Karamellschicht einer Crème brulée ist legendär und der eigentliche Grund, warum ich sie so gerne mag. Meine Version des Klassikers basiert auf Kokosmilch und hat eine zitronige Note. Für den perfekten Knack beim Durchbrechen des Karamells braucht man einen Bunsenbrenner, den man in allen gut sortierten Küchengeschäften kaufen kann.

Für die Zitronencreme alle Zutaten bis auf die Maisstärke in einen Topf geben und zum Kochen bringen. Die Hitze reduzieren, die Maisstärke in einer kleinen Schüssel mit 3 EL Wasser glatt verrühren und mit einem Schneebesen unterrühren. Die Creme gleichmäßig auf vier Crème-brulée-Formen verteilen und 1 Stunde im Kühlschrank abkühlen lassen.

Direkt vor dem Servieren je 2 TL Rohrohrzucker auf den Portionen verteilen und mit einem Bunsenbrenner karamellisieren. Sofort servieren (wenn du zu lange wartest, weicht die harte Zuckerschicht durch die Feuchtigkeit der Crème wieder auf).

TIPP: Wenn du keinen Bunsenbrenner hast, erhitze deinen Ofen auf 200 °C Oberhitze und platziere die Crème-brulée-Formen im oberen Viertel des Backofens auf einem Gitter. Nach 5 Minuten sollte der Zucker karamellisiert sein. Bei dieser Methode wird der Karamell nicht ganz so schön knusprig.

Für 4 Personen:

Du brauchst:
4 flache Crème-brulée-Formen
Einen Bunsenbrenner

Für die Zitronencreme:	3 Pers.:	klein 3 Pers.:
400 ml Kokosmilch	300 ml	200
5 EL Zitronensaft	3,5 EL	2,5
3 EL Ahornsirup	2 EL	1,5
Zeste von 1 Bio-Zitrone	1/2	1/2
2 EL Maisstärke	1,5 EL	1

Für die Karamellschicht:		
8 TL Rohrohrzucker		4

Zeitaufwand:
10 Minuten Zubereitung
5 Minuten Kochzeit
1 Stunde Kühlzeit

V

APFEL-ROSMARIN-TARTE

Diese Tarte hat ein feines Aroma aufgrund des gehackten Rosmarins, der direkt auf den Mürbteigboden gestreut wird. Der cremige Guss basiert auf einer überraschenden Zutat, die man beim Probieren der Tarte niemals erraten könnte.

Zutaten für eine 26-cm-Springform:

Du brauchst:
Eine Küchenmaschine oder ein Handrührgerät
Einen Mixer

Für den Mürbteig:
100 g Kokosöl, gekühlt
200 g Dinkelmehl, Type 1050
1/2 TL Salz
1,5 EL Ahornsirup
1 EL Apfelmus, ungesüßt
Optional: 1–2 EL kaltes Wasser

Für den Guss:
300 g Zucchini
120 ml Mandelmilch, ungesüßt
100 ml Ahornsirup, Grad A
30 g Maisstärke
2 EL Kokosöl, geschmolzen
1 EL Zitronensaft

Für den Belag:
400 g säuerliche Äpfel
1 EL frischer Rosmarin

Zeitaufwand:
20 Minuten Zubereitung
45 Minuten Backzeit
30 Minuten Wartezeit

Zuerst den Mürbteig zubereiten. Dafür muss das Kokosöl fest sein. Falls es zu flüssig ist, die abgewogene Menge für 30 Minuten in den Kühlschrank stellen. Alle Zutaten für den Mürbteig in einer Küchenmaschine oder mit dem Handrührgerät glatt vermischen. Es sollte ein glatter, elastischer Teig entstehen. Wenn der Teig zu trocken ist, 1–2 EL kaltes Wasser hinzufügen. Den Teig zur Kugel formen, in Folie wickeln, flach drücken und 30 Minuten in den Kühlschrank legen.

Den Ofen auf 180 °C vorheizen.

Den Mürbteig in eine gefettete Springform geben, mit den Händen gleichmäßig darin verteilen, einen Rand formen und fest andrücken. Mit einer Gabel den oberen Rand gleichmäßig eindrücken, so dass ein Zackenmuster entsteht. Den Teigboden mit der Gabel mehrmals einstechen, damit sich der Teig während des Backens nicht nach oben wölbt. Ca. 15 Minuten backen, bis der Teig leicht gebräunt ist.

Für den Guss die Zucchini schälen und in Stücke schneiden. Zusammen mit den anderen Gusszutaten im Mixer glatt pürieren.

Für den Belag die Äpfel schälen, entkernen und in dünne Schnitze schneiden. Den frischen Rosmarin hacken.

Den gebackenen Mürbteig aus dem Ofen nehmen und den gehackten Rosmarin gleichmäßig auf dem Boden verteilen. Die Apfelschnitze kreisförmig und leicht überlappend darauf verteilen. Zuletzt den Guss darübergießen. Ca. 30 Minuten backen.

Den Kuchen 10 Minuten in der Form abkühlen lassen. Dann mit einem scharfen Messer vom Rand der Form lösen, den Springformrand entfernen und die Tarte vollständig abkühlen lassen.

V

ORANGEN-SCHOKO-TORTE

Das ätherische Öl der Orangenschale ist für mich die beste geschmackliche Ergänzung zu dunkler Schokolade. Bis auf die Orangen, die in Wasser weichgekocht werden, ist diese Torte roh und wird gekühlt anstatt gebacken. Das Besondere an ihr ist, dass ganze Orangen in der Creme verarbeitet werden. Dadurch bekommt die Torte ihren intensiven Geschmack.

Zutaten für eine 26-cm-Springform:

Für den Boden:
100 g Haferflocken (bei Bedarf glutenfrei)
100 g Walnüsse
1/3 TL Salz
4 EL Ahornsirup
20 g Kokosöl, geschmolzen

Für die Orangen-Schoko-Creme:
2 Bio-Saftorangen, unbehandelt (ca. 500 g)
200 ml Ahornsirup, Grad A
160 g helles Mandelmus
100 g Kokosöl, geschmolzen
40 g rohes Kakaopulver, ungesüßt
1/2 TL Orangenöl (aus der Backabteilung im gut sortierten Bio-Laden)

Zeitaufwand:
15 Minuten Zubereitung
20 Minuten Kochzeit
4 Stunden Kühlzeit

Die Haferflocken und Walnüsse in der Küchenmaschine zu einer groben Masse verarbeiten. Salz, Ahornsirup und geschmolzenes Kokosöl dazugeben und in der Maschine vermengen. Die Springform mit Kokosöl ausreiben und den Teig hineinbröckeln. Mit den Händen gleichmäßig in der Form verteilen und flach andrücken.

Die Orangen in einem Topf mit Wasser bedecken und zum Kochen bringen. Die Hitze reduzieren und die Orangen 20 Minuten köcheln lassen. Die Früchte aus dem Wasser nehmen, aufschneiden, die Kerne entfernen und die Orangen vierteln. Mit allen anderen Zutaten für die Orangen-Schoko-Creme im Mixer glatt pürieren.

Die Orangencreme auf dem Teigboden verteilen und mindestens 4 Stunden – besser noch über Nacht – kühl stellen, bis die Creme fest geworden ist.

V GF

POTS DE CRÈME

Pot de Crème ist die elegantere Bezeichnung für geschichteten Pudding. Aufbewahrt im Kühlschrank und mit Folie abgedeckt, halten sich die Pots de Crème ein paar Tage lang und stehen immer zur Verfügung, wenn dir nach einer kleinen Süßigkeit zumute ist. Auch für Kinder sind Pots de Crème eine viel gesündere Alternative zu fertig gekauften Puddings und Cremes, da sie aus hochwertigen und gesunden Zutaten bestehen und dabei mindestens ebenso lecker schmecken.

Für den Schokopudding Kokosmilch, Ahornsirup, Kakaopulver und Salz glatt verrühren und in einem Topf zum Kochen bringen. Maisstärke und Mandelmilch in einer kleinen Schüssel vermischen und mit Hilfe eines Schneebesens unter die heiße Mischung im Topf rühren. 2 Minuten unter ständigem Rühren weiterköcheln lassen und die kleinen Gläser zur Hälfte mit dem Pudding befüllen.

Für den Vanillepudding Kokosmilch, Ahornsirup und Vanilleessenz mischen und in einem Topf zum Kochen bringen. Maisstärke mit Mandelmilch glatt vermischen und mit Hilfe eines Schneebesens unter die heiße Mischung im Topf rühren. 2 Minuten unter ständigem Rühren weiterköcheln lassen, dann den Vanillepudding auf den Schokopudding schichten. Abkühlen lassen.

Ergibt 8 Portionen:

Du brauchst:
8 kleine Gläser (zum Beispiel ehemalige Joghurtgläser)

Für den Schokopudding:
400 ml Kokosmilch
50 ml Ahornsirup, Grad A
20 g rohes Kakaopulver, ungesüßt
1 Prise Salz
20 g Maisstärke
3 EL Mandelmilch

Für den Vanillepudding:
400 ml Kokosmilch
2 EL Ahornsirup, Grad A
1 TL Vanilleessenz
20 g Maisstärke
3 EL Mandelmilch

Zeitaufwand:
10 Minuten Zubereitung
8 Minuten Kochzeit

V GF

IN ROSMARINSIRUP EINGELEGTE ORANGEN MIT ORANGENGRANITA

Der doppelte Orangengeschmack dieses Desserts ist erfrischend und klärt den Gaumen. Im Gegensatz zu vielen anderen Desserts ist dieses nicht zu süß und liegt niemals schwer im Magen.

Für 4 Personen:

Für die Orangengranita:
250 ml frisch gepresster Orangensaft
Zeste von 1 Bio-Orange
3 EL Ahornsirup
1 EL Zitronensaft

Für die in Rosmarinsirup eingelegten Orangen:
100 g Honig (alternativ: Ahornsirup)
100 ml Wasser
1 Rosmarinzweig
4 Orangen

Zum Dekorieren:
4 Rosmarinzweige

Zeitaufwand:
20 Minuten Zubereitung
4 Stunden Kühlzeit

Für die Orangengranita alle Zutaten mischen und in eine flache Form (am besten aus Glas oder Edelstahl) füllen. Mindestens 4 Stunden in den Tiefkühler stellen und jede Stunde einmal mit der Gabel verrühren, so dass sich eine kristalline Struktur ergibt.

Für den Sirup Honig und Wasser in einem Topf vermischen, den Rosmarinzweig hinzugeben und zum Köcheln bringen. 10 Minuten simmern lassen. Den Rosmarinzweig entfernen.

Die Orangen mit einem scharfen Messer schälen, so dass die weiße Haut ganz entfernt wird. Die geschälten Orangen in Scheiben schneiden. In eine flache Form geben (zum Beispiel in eine Kuchenform) und mit dem Sirup übergießen. Ca. 1 Stunde in den Kühlschrank stellen.

Auf jedem Teller Orangenscheiben anrichten und die Granita darauf geben. Mit einem Rosmarinzweig garnieren und servieren.

GETRÄNKE

V GF

ANANAS-, BASILIKUM- UND WASSERMELONENLIMONADE

Meine selbstgemachten Limonaden kommen sowohl bei Erwachsenen als auch bei Kindern gut an. Auf Gartenfesten oder bei einem Mittagessen am Wochenende können sie den Aperitif problemlos ersetzen und sind eine gesunde Alternative zu stark gesüßten Limonaden.

Für alle drei Limonaden brauchst du:
Mixer
Ein sehr feines Sieb (alternativ: Nussmilchbeutel oder Käsenetz)

ANANASLIMONADE *(für 2 Personen):*

400 g Ananasstücke
500 ml Wasser
3 EL Zitronensaft
2 EL Ahornsirup, Grad A

Ananas mit Wasser im Mixer pürieren. Durch ein feines Sieb gießen und mit Zitronensaft und Ahornsirup vermischen.
Zeitaufwand: 5 Minuten

BASILIKUMLIMONADE *(für 2 Personen):*

20 g Basilikum (1 große Handvoll)
1 EL frische Ingwerscheiben
750 ml Wasser
Saft von 1 Grapefruit
4 EL Zitronensaft
4 EL Ahornsirup, Grad A

Basilikum mit Wasser und Ingwer im Mixer pürieren. Durch ein feines Sieb gießen und mit Grapefruit-, Zitronensaft und Ahornsirup vermischen.
Zeitaufwand: 5 Minuten

WASSERMELONENLIMONADE *(für 2 Personen):*

500 g Wassermelonenstücke
500 ml Wasser
6 EL Zitronensaft
3 EL Ahornsirup, Grad A

Wassermelone (inkl. Kerne) mit Wasser im Mixer pürieren. Durch ein feines Sieb gießen und mit Zitronensaft und Ahornsirup vermischen.
Zeitaufwand: 5 Minuten

V GF

AGUA FRESCA

Agua Fresca ist der blumigere Ausdruck für eine Karaffe Wasser mit ein paar Kräutern, Gemüsestücken und Früchten darin. Für alle Menschen, die mehr Wasser trinken wollen, ist Agua Fresca genau das Richtige.

AGUA FRESCA I *(ergibt 1 Liter):*

1 l gefiltertes Wasser
2 Zweige frische Minze
2 Stängel frische Zitronenmelisse
2 Zweige Rosmarin
1/2 Bio-Zitrone, geviertelt

Alle Zutaten in eine Glaskaraffe geben und vor dem Servieren eine halbe Stunde ziehen lassen.

Zeitaufwand:
3 Minuten Zubereitung
30 Minuten Wartezeit

AQUA FRESCA II *(ergibt 1 Liter):*

1 l gefiltertes Wasser
1/2 Gurke, in Scheiben geschnitten
5 Erdbeeren, in Hälften geschnitten
2 Zweige frische Minze
1/2 Bio-Zitrone, geviertelt

Alle Zutaten in eine Glaskaraffe geben und vor dem Servieren eine halbe Stunde ziehen lassen.

Zeitaufwand:
3 Minuten Zubereitung
30 Minuten Wartezeit

AQUA FRESCA III *(ergibt 1 Liter):*

1 l gefiltertes Wasser
6 Brombeeren
2 Zweige Salbei
1/2 Bio-Zitrone, geviertelt

Alle Zutaten in eine Glaskaraffe geben und vor dem Servieren eine halbe Stunde ziehen lassen.

Zeitaufwand:
3 Minuten Zubereitung
30 Minuten Wartezeit

AQUA FRESCA IV *(ergibt 1 Liter):*

1 l gefiltertes Wasser
1 Bio-Apfel, geviertelt
1 EL frische Ingwerwurzel, in Scheiben geschnitten
1/2 Bio-Zitrone, geviertelt

Alle Zutaten in eine Glaskaraffe geben und vor dem Servieren eine halbe Stunde ziehen lassen.

Zeitaufwand:
3 Minuten Zubereitung
30 Minuten Wartezeit

Von links nach rechts: Sesam-, Mandel- und Hafermilch
(Rezepte auf **Seite 246** und **247**)

V GF

SESAM-, MANDEL- UND HAFERMILCH

Selbstgemachte Sesam-, Mandel- und Hafermilch ist im Vergleich zu den Varianten aus dem Supermarkt viel leckerer und preiswerter. Sesammilch ist etwas bitter und schmeckt eher Erwachsenen als Kindern. Mandel- und Hafermilch haben einen süßeren Geschmack und eignen sich auch gut zum Backen.

Für alle drei Milchsorten brauchst du:
Mixer
Ein sehr feines Sieb (alternativ: Nussmilchbeutel oder Käsenetz)

SESAMMILCH *(ergibt 1 Liter):*

160 g Sesam (1 Tasse)
1 l Wasser (4 Tassen)
2 EL Ahornsirup, Grad A (alternativ: 2 Medjool-Datteln)
2 EL geschälte Hanfsamen (optional)
1/5 TL Salz

Den Sesam über Nacht oder mindestens 6 Stunden in warmem Wasser mit 1 TL Salz einweichen. Nach der Einweichzeit in ein Sieb geben und gut abspülen. Mit den übrigen Zutaten im Mixer pürieren.

Ein feines Sieb oder einen Nussmilchbeutel über einen Topf halten und die Milch hindurchgießen. Mit einem Löffel ausstreichen bzw. den Beutel ausdrücken. In einem verschließbaren Gefäß im Kühlschrank aufbewahren und innerhalb von 3 Tagen verbrauchen.

TIPP: Die zurückbleibenden Sesamreste kannst du entweder einem Kuchenteig hinzufügen oder unter dein Frühstücksmüsli mischen.

Zeitaufwand:
5 Minuten Zubereitung
6 Stunden Wartezeit

MANDELMILCH *(ergibt 1 Liter):*

160 g rohe Mandeln (1 Tasse)
1 l Wasser (4 Tassen)
1 EL Ahornsirup, Grad A (alternativ: 1 Medjool-Dattel)
1/5 TL Salz

Die Mandeln über Nacht oder mindestens 6 Stunden in warmem Wasser mit 1 TL Salz einweichen. Nach der Einweichzeit in ein Sieb geben und gut abspülen. Mit den übrigen Zutaten im Mixer pürieren.

Ein feines Sieb oder einen Nussmilchbeutel über einen Topf halten und die Milch hindurchgießen. Mit einem Löffel ausstreichen bzw. den Beutel ausdrücken. In einem verschließbaren Gefäß im Kühlschrank aufbewahren und innerhalb von 3 Tagen verbrauchen.

TIPP: Die zurückbleibenden Mandelreste kannst du entweder einem Kuchenteig hinzufügen oder unter dein Frühstücksmüsli mischen.

Zeitaufwand:
5 Minuten Zubereitung
6 Stunden Wartezeit

HAFERMILCH *(ergibt 1 Liter):*

110 g Haferflocken (1 Tasse)
1 l Wasser (4 Tassen)
1 EL Ahornsirup, Grad A (alternativ: 1 Medjool-Dattel)
1/5 TL Salz

Die Haferflocken 20 Minuten in Wasser einweichen (das macht sie noch besser verträglich). In ein feines Sieb abgießen und mit frischem Wasser nachspülen. Zusammen mit den übrigen Zutaten im Mixer pürieren.

Ein feines Sieb oder einen Nussmilchbeutel über einen Topf halten und die Milch hindurchgießen. Mit einem Löffel ausstreichen bzw. den Beutel ausdrücken. In einem verschließbaren Gefäß im Kühlschrank aufbewahren und innerhalb von 3 Tagen verbrauchen.

TIPP: Die zurückbleibenden Haferreste kannst du morgens in dein Müsli geben oder zusammen mit einem Teil der Hafermilch zu einem Bircher Müsli oder zu warmem Porridge verarbeiten.

Zeitaufwand:
5 Minuten Zubereitung
20 Minuten Wartezeit

WELLCUISINE INFO

Milch aus Nüssen, Hafer oder Samen folgt immer demselben Prinzip: 1 Tasse Nüsse/Getreide/Samen auf 4 Tassen Wasser ergibt ca. 1 Liter pflanzliche Milch.

Nüsse und Samen sollten vor dem Verarbeiten immer in leicht gesalzenem warmem Wasser eingeweicht werden. Am besten über Nacht. So kann unser Körper die Nährstoffe der Milch viel besser aufnehmen. Nüsse und Samen enthalten natürlicherweise Phytinsäure, die die Mineralstoffaufnahme im Körper behindert.

Das Einweichen in warmem Salzwasser spült die Phytinsäure aus und macht die guten Stoffe der Nüsse und Samen erst wirklich zugänglich.

TIPP: Nussmilchbeutel kannst du in den meisten Bioläden oder im Internet kaufen.

BEAUTY

V

PAPAYA-ENZYM-PEELING-MASKE

Papayaextrakt ist in vielen Pflegeprodukten als Antifaltenwirkstoff enthalten. Warum also diesen wertvollen Beauty-Helfer nicht in seiner naturbelassenen Form nutzen? Hafer beruhigt empfindliche Haut und liefert als Mehl verarbeitet ein schonendes Peeling-Korn.

Für 2 Anwendungen:

30 g Haferflocken
60 g Papayastücke

Zeitaufwand:
5 Minuten Zubereitung
5 Minuten Einwirkzeit

Die Haferflocken in der Küchenmaschine zu einem groben Mehl verarbeiten. Die Papaya dazugeben und das Ganze pürieren.

Auf die gewaschene Gesichtshaut auftragen und 5 Minuten einwirken lassen (nicht länger, da sie nicht ganz fest werden sollte). Nach der Einwirkzeit die Hände mit Wasser benetzen und die Maske mit leicht kreisenden Bewegungen in die Haut einmassieren. Abspülen.

Die Maske kann in einem verschlossenen Gefäß für 2 Tage im Kühlschrank aufbewahrt werden.

FOOD PHARMACY PAPAYA ALS BEAUTYESSENZ

Das Papaya-Verdauungsenzym Papain tut nicht nur innerlich gut, sondern erhöht auch äußerlich die Elastizität der Haut und schützt vor Faltenbildung. Es löst abgestorbene Hautzellen und glättet als natürliches Enzym-Peeling die oberste Schicht der Haut. Außerdem reduziert es sogar bereits vorhandene feine Linien und Falten. Der hohe Vitamin-C-Gehalt der Frucht sorgt für eine zusätzliche Straffung der Haut, und Betacarotin und Vitamin A lassen den Teint strahlen.

V GF

SPIRULINA-AVOCADO-GESICHTSMASKE

Spirulina und Avocado sind deine besten Freunde, wenn dir ein strahlender Teint wichtig ist. Der grüne Farbstoff Chlorophyll in Spirulina reinigt und festigt die Haut, während Avocado sie nährt, elastisch hält und Falten minimiert.

Alle Zutaten in der Küchenmaschine glatt pürieren. 15 Minuten auf der Haut einwirken lassen. Dann gründlich mit Wasser abspülen.

Für 2 Anwendungen:

1/2 Avocado
1 TL Zitronensaft
1/2 TL Spirulina-Pulver

Zeitaufwand:
5 Minuten Zubereitung
15 Minuten Einwirkzeit

FOOD PHARMACY SPIRULINA FÜR DIE SCHÖNHEIT

Spirulina ist sowohl innerlich eingenommen als auch äußerlich aufgetragen ein echtes Schönheitspulver. Seine hohe Anzahl an Antioxidantien schützt unsere Haut vor Freien Radikalen, die zum Beispiel durch zu viel Sonne, verschmutzte Luft oder schlechte Ernährung begünstigt werden. Freie Radikale lassen die Haut schneller altern und grau aussehen. Auch Menschen mit Akne hilft Spirulina, da es Bakterien eindämmt und die Hautporen klärt.

V GF

OLIVENÖL-MEERSALZ-KÖRPERPEELING

Ich peele meinen Körper schon seit vielen Jahren einmal pro Woche mit diesem Olivenöl-Meersalz-Peeling und liebe das glatte und gesättigte Gefühl meiner Haut nach jeder Anwendung. Rauhe und trockene Stellen verschwinden einfach, und die Haut bekommt einen gesunden Schimmer.

Für 1 Anwendung:

100 g Meersalz, unbehandelt
60 ml kaltgepresstes Olivenöl

Zeitaufwand:
2 Minuten Zubereitung
5 Minuten Einwirkzeit

In einer kleinen Schüssel Meersalz mit Olivenöl vermischen und vor dem Duschen (am besten in der Duschkabine) den ganzen Körper damit einreiben und kreisend massieren. Das Gesicht dabei aussparen.

5 Minuten einwirken lassen und mit warmem Wasser abspülen. Danach die Haut vorsichtig trocken tupfen.

TIPP: Das Peeling kann auch auf der Kopfhaut angewendet werden und hilft so gegen Trockenheit und Schuppen. Das Haar im Anschluss zweimal gründlich mit einem milden Shampoo waschen.

FOOD PHARMACY OLIVENÖL FÜR GESUNDE HAUT

Der hohe Gehalt an Vitamin E und Antioxidantien im Olivenöl verzögert nachweislich den Alterungsprozess der Hautzellen. Trockene und schuppige Haut wird repariert, und entzündete Hautstellen beruhigen sich durch die keimtötenden Eigenschaften des Öls. Direkt nach dem Sonnenbaden aufgetragen, soll Olivenöl nachweislich das Hautkrebsrisiko reduzieren.

V GF

ESPRESSO-KOKOS-KÖRPERPEELING

Dieses Peeling wendest du am besten morgens an, denn es macht wach wie ein doppelter Espresso. Wundere dich nicht, wenn deine Kollegen im Büro plötzlich Lust auf Kaffee bekommen, sobald du an ihnen vorbeiläufst. Der Duft frisch gemahlener Espressobohnen umweht dich nämlich auch nach der Anwendung noch für ein paar Stunden.

Für 1 Anwendung:

40 g Kokosöl, geschmolzen
40 g gemahlene Bio-Espressobohnen

Zeitaufwand:
2 Minuten Zubereitung
5–10 Minuten Einwirkzeit

Das geschmolzene Kokosöl in einer Schüssel mit dem gemahlenen Espresso vermischen und vor dem Duschen (in der Duschkabine) den ganzen Körper damit einreiben und kreisend massieren. Das Gesicht dabei aussparen.

5–10 Minuten einwirken lassen und mit warmem Wasser sorgfältig abspülen. Danach die Haut vorsichtig trocken tupfen.

FOOD PHARMACY KAFFEE ZUR HAUTSTRAFFUNG

Kaffee ist unter Dermatologen schon lange als Beauty-Wirkstoff bekannt. Er hilft gegen Cellulite, indem er das Gewebe entwässert und die Haut besser durchblutet. Er strafft die Haut und schützt sie mit einer überraschend hohen Anzahl an Antioxidantien gegen Umwelteinflüsse.

V GF

AVOCADO-FEUCHTIGKEITSHAARMASKE

Avocados schmecken nicht nur lecker, sondern nähren auch unser Haar. Ihre zahlreichen ungesättigten Fettsäuren geben ihm Feuchtigkeit und machen es geschmeidig. Die Vitamine B und E regen den Haarwuchs an und pflegen die Kopfhaut.

Für 1 Anwendung:

1/2 Avocado
1 EL Honig
1/2 EL Apfelessig

Zeitaufwand:
3 Minuten Zubereitung
20 Minuten Einwirkzeit

Alle Zutaten in der Küchenmaschine glatt pürieren. Ins trockene Haar und in die Kopfhaut einmassieren und 20 Minuten einwirken lassen. Sorgfältig ausspülen und die Haare zweimal mit einem milden Shampoo waschen.

WELLCUISINE-TIPP AVOCADO FÜR TROCKENES HAAR

Avocados sind reich an ungesättigten Fettsäuren, die sprödes Haar weich machen. Außerdem enthalten sie das kostbare B-Vitamin Biotin (oder Vitamin H oder B_7), das in der Schönheits- und Pflegebranche als das »Beauty-Vitamin« schlechthin gehandelt wird, denn es sorgt für das gesunde Wachstum von Haut, Haaren und Nägeln. Wenn du zusätzlich noch jeden Tag eine halbe bis ganze Avocado isst, unterstützt du diese verschönernde Wirkung.

V GF

MANDEL-LAVENDEL-ÖL FÜR GESICHT UND KÖRPER

Mandel-Lavendel-Öl ist mein Allround-Talent. Ich nutze es als Tages- und Nachtpflege und für meinen Körper nach dem Duschen. Die Hautpflege mit kaltgepresstem Mandelöl hat aber nicht nur bei mir Tradition: Es ist bereits seit 4000 Jahren als natürliches Anti-Aging-Mittel bekannt. Es macht die Haut geschmeidig und elastisch, und seine Vitamine und Mineralstoffe sorgen für einen gesunden Teint. Die Hamdard-Universität in New Delhi hat in einer Studie herausgefunden, dass Mandelöl sogar auf natürliche Weise vor UV-Strahlen schützt, weil es stukturelle Schäden der Haut ausgleicht. Das Bio-Lavendel-Öl, das ich meinem Mandelöl gerne hinzufüge, wirkt antibakteriell und verbessert gleichzeitig die Durchblutung der Haut und wird von den meisten Hauttypen gut vertragen.

Ergibt 1 kleine Flasche:

100 g Mandelöl, kalt gepresst
10 Tropfen Bio-Lavendelöl

Zeitaufwand:
3 Minuten Zubereitung

Mandelöl in eine kleine Flasche füllen und Lavendelöl dazugeben. Die geschlossene Flasche gut schütteln. Das Öl innerhalb von 3 Monaten verbrauchen.

FOOD PHARMACY MANDELÖL ALS ANTI-AGING-ESSENZ

Mandelöl enthält eine Mischung aus gesättigten und ungesättigten Fettsäuren, die in ihrer Zusammensetzung dem natürlichen Hautfett ähneln, weshalb es von den meisten Hauttypen gut vertragen wird. Die Liste seiner natürlichen Inhaltsstoffe liest sich wie der Beipackzettel einer sündhaft teuren Anti-Aging-Creme: Linolsäure macht die Haut widerstandsfähiger gegen Infektionen und gegen UV-Licht, Vitamin A regeneriert die Haut, verhindert DNA-Schäden und ist an der Bildung neuer Hautzellen beteiligt. Eine hohe Konzentration an Vitamin E schützt die Hautzellen vor Schädigungen und oxidativem Stress, Vitamin D unterstützt die Immunfunktionen der Haut, Kalzium heilt kleinere Entzündungen und hilft bei Sonnenallergie, und Ölsäure durchdringt die Haut bis zur Hornschicht und bettet so alle wertvollen Inhaltsstoffe gut ein.

EINE WOCHE WELLCUISINE

* Bereite gleich eine doppelte Portion für den nächsten Tag zu.

** Restliche Portion vom Tag zuvor.

FRÜHLING/SOMMER

	MORGENS	VORMITTAGS	MITTAGS	NACHMITTAGS	ABENDS
MONTAG	• 10 Minuten Yoga (Seite 75) • Grüner Smoothie* (Seite 114)	• Buchweizen-Bircher-Müsli (Seite 110)	• Caesar Salad mit Beilage nach Wahl (Seite 174)	• Gesalzener Karamell-Dip mit Apfel-schnitzen (Seite 151)	• Gebackener Blumenkohl mit veganer Mayonnaise (Seite 198)
DIENSTAG	• 10 Minuten Yoga (Seite 75) • Grüner Smoothie** (Seite 114)	• Haselnuss-Espresso-Granola mit pflanzlicher Milch (Seite 118)	• Quinoa-Salat* (Seite 172)	• Gesalzener Karamell-Dip mit Apfel-schnitzen (Rest vom Vortag) (Seite 151)	• In Aromaöl geschmorter grüner Spargel auf Süßkartoffelpüree (Seite 208)
MITTWOCH	• 10 Minuten Yoga (Seite 75) • Erdbeersmoothie* (Seite 115)	• Avocado-Dip (Seite 135) mit Knäckebrot (Seite 128)	• Melonen-Gurken-Suppe (Seite 162) • Quinoa-Salat** (Seite 172)	• Miso-Honig-Ingwer-Kürbiskerne (Seite 146)	• Falafel mit Quinoa-Kräuter-Salat (Seite 218)
DONNERSTAG	• 10 Minuten Yoga (Seite 75) • Erdbeersmoothie** (Seite 115)	• Pink Grapefruit mit warmer Kokossauce (Seite 124)	• Kichererbsen mit Aubergine (Seite 191)	• Erdbeersmoothie (Seite 115)	• Mallorquinische Gemüsetürme mit gebackenem Rosmarin-Schafskäse (Seite 203)
FREITAG	• 10 Minuten Yoga (Seite 75) • Grüner Smoothie (Seite 114)	• Knäckebrot (Seite 128) mit Bitterorangen-Marmelade (Seite 121)	• Rote-Bete-Spaghetti »Aglio Olio« (Seite 188)	• Schokosmoothie (Seite 114)	• Weißer Spargel mit überraschender Sauce hollandaise (Seite 221)
SAMSTAG	• Olivenöl-Meersalz-Peeling (Seite 255) • Erdbeer-Pancakes (Seite 109)	• Vormittagssnack fällt aus	• Kalte Tomaten-suppe à la Bloody Mary (Seite 165) • Caesar Salad (Seite 174)	• Espresso-Granita (Seite 226)	• Freundschafts-burger (Seite 213)
SONNTAG	• Spirulina-Avocado-Gesichtsmaske (Seite 253) • Grüner Smoothie (Seite 114)	• Grünes Lieblingsomelette (Seite 127)	• Mittagessen fällt aus	• Apfel-Rosmarin-Tarte (Seite 230)	• Thailändische Zucchini-Nudelsuppe mit mariniertem Räuchertofu (Seite 161)

HERBST/WINTER

	MORGENS	VORMITTAGS	MITTAGS	NACHMITTAGS	ABENDS
MONTAG	• 10 Minuten Yoga (**Seite 75**) • Grüner Smoothie* (**Seite 114**)	• Rote-Bete-Dip* (**Seite 136**) mit Knäckebrot* (**Seite 128**)	• Rösti mit Feldsalat und Kartoffel-dressing (**Seite 197**)	• Bienenpollen-Schokoladen-Trüffel* (**Seite 152**)	• Orangefarbenes Curry (**Seite 206**)
DIENSTAG	• 10 Minuten Yoga (**Seite 75**) • Grüner Smoothie** (**Seite 114**)	• Rote-Bete-Dip** (**Seite 136**) mit Knäckebrot** (**Seite 128**)	• Kartoffel-Radieschen-Salat (**Seite 184**)	• Bienenpollen-Schokoladen-Trüffel** (**Seite 152**)	• Pilzsuppe mit Walnuss-Thymian-Crumble (**Seite 158**)
MITTWOCH	• 10 Minuten Yoga (**Seite 75**) • Wärmender Kürbis-Apfel-Smoothie* (**Seite 115**)	• Süßes Frühstücksbrot, getoasted (**Seite 122**)	• Orientalischer Blumenkohl-salat (**Seite 171**)	• Zitronen-Paprika-Kürbiskerne (**Seite 146**) *… lasse welche übrig fürs Abendessen!*	• Grünkern-Kürbis-Salat mit Zitronen-Paprika-Kürbis-kernen (**Seite 176**)
DONNERSTAG	• 10 Minuten Yoga (**Seite 75**) • Wärmender Kürbis-Apfel-Smoothie** (**Seite 115**)	• Gegrillte Papaya mit Limettensaft (**Seite 113**)	• Zitronen-Linsen-Suppe (**Seite 157**)*	• Sesam-Power-Riegel (**Seite 149**)*	• Pasta mit Kürbiscreme (**Seite 210**)
FREITAG	• 10 Minuten Yoga (**Seite 75**) • Wärmender Kürbis-Apfel-Smoothie* (**Seite 115**)	• Avocado-Dip (**Seite 135**) mit Knäckebrot (**Seite 128**)	• Zitronen-Linsen-Suppe (**Seite 157**)**	• Sesam-Power Riegel (**Seite 149**)**	• Tortillas mit Rotkohl (**Seite 222**)
SAMSTAG	• Espresso-Kokos-Körperpeeling (**Seite 257**) • Grüner Smoothie* (**Seite 114**)	• Französisches Bauern-Baguette (**Seite 117**) mit Bitterorangen-Marmelade (**Seite 121**)	• Gebackener Blumenkohl mit veganer Mayonnaise (**Seite 198**)	• Lieblingsnüsse (**Seite 143**)	• Knusprige Kartoffel-Wedges mit Zitronen-Brokkoli und Ketchup (**Seite 215**)
SONNTAG	• Papaya-Enzym-Peeling-Maske (**Seite 250**) • Grüner Smoothie (**Seite 114**)	• Süßkartoffel-kuchen mit Eiern Benedikt (**Seite 217**)	• Mittagessen fällt aus	• Orangen-Schoko-Torte (**Seite 232**)	• Kartoffel-Trüffel-Pizza (**Seite 205**)

DANKE …

… an meinen Großvater, der mich gelehrt hat, über den Tellerrand zu schauen; an meine Familie und insbesondere an meine Mutter, die mich immer liebevoll unterstützt; an die Familie von Thomas, die mittlerweile auch meine Familie ist; an Ling Ling für ihre Freundschaft und das Testen einiger Wellcuisine-Rezepte; an Dagmar König für die wunderbare Idee zum Namen Wellcuisine; an Martin Steinacker für seinen spontanen Besuch im Elsass, als wir ihn brauchten; an Ralf Michael Straub für seine gute Beratung; an Kerstin Reitze de la Maza für ihre Unterstützung und Vermittlung an den Verlag; an Margit Ketterle, Silvia Vrablecova, Jasmin Pache, Elena Hoenig und an das ganze Team bei Droemer Knaur für ihren Glauben an uns und unsere Bücher; an Franz Leipold für die Redaktion der Texte; an Thomas – meinen Liebsten – dafür, dass mir das Leben mit ihm so viel Freude bringt und dass er die wunderbarsten Bilder macht. Danke.

Besuchen Sie uns im Internet:

www.knaur-balance.de

MIX
Papier aus verantwortungsvollen Quellen
FSC® C004592

Originalausgabe 2015

Ein Imprint der Verlagsgruppe Droemer Knaur
GmbH & Co. KG, München.

Umschlaggestaltung: Stefanie Reeb
Umschlagabbildung: Thomas Leininger
Design: Stefanie Reeb
Fotografien: Thomas Leininger
Redaktion: Franz Leipold
Satz und Layout: Stefanie Reeb
Druck und Bindung: Appl, Wemding
Printed in Germany
ISBN 978-3-426-67501-4

5 4 3 2 1

REGISTER

AUTORIN UND FOTOGRAF

STEFANIE REEB

Stefanie Reeb ist eine sinnesfreudige Köchin, Food-Bloggerin, Ernährungsexpertin, Kundalini-Yoga-Lehrerin, Designerin, moderne Nomadin und Tochter und Enkelin von Naturheilmedizinern und Rennfahrern. Viele Jahre arbeitete sie selbständig und für Agenturen im Bereich Corporate Design und entwarf den visuellen Auftritt von Marken wie Siemens, den HELIOS-Kliniken und Nike. Ihr erstes Kochbuch für Kinder, das sie im Eigenverlag veröffentlichte, wurde für den Designpreis der Bundesrepublik Deutschland nominiert. In Los Angeles machte sie eine Ausbildung zur Kundalini-Yoga-Lehrerin und den Master in »Integrated Energy Therapy«. Zur gleichen Zeit gründete sie ihren ersten Foodblog und begann später eine Ausbildung zur ganzheitlichen Gesundheitsberaterin an der Akademie der Naturheilkunde. In »Wellcuisine« verbindet sie ihr fundiertes Wissen und ihre Leidenschaft für gutes Essen zu einer neuen, umfassenden Sicht auf Ernährung und Lifestyle. Stefanie Reeb lebt mit ihrem Mann, dem Fotografen Thomas Leininger, und mit Terrier Lilly in Süddeutschland, auf Mallorca und im Elsass.

THOMAS LEININGER

Thomas Leininger, 1964 im Südschwarzwald geboren, ist Diplom-Fotodesigner und Journalist und seit 1996 selbständig. Der Sohn eines Imkers war Barkeeper, Schichtarbeiter und Zeitungsredakteur, bevor er Fotografie und Kommunikationsdesign in Paris und Darmstadt studierte und als Fotograf bekannt wurde. Später entwickelte er die Bildsprache von Unternehmen wie Siemens, Audi und den HELIOS-Kliniken und arbeitete für Magazine und Zeitungen, darunter Brand Eins, Zeit, Allegra, Max, Brigitte und Qvest. Seine stille Fotografie gewann zahlreiche Preise und Auszeichnungen, seine künstlerische Arbeit wird in Galerien und Museen ausgestellt. Der in den USA ausgebildete Kundalini-Yoga-Lehrer, IET-Master und leidenschaftliche Obstpflücker versteht sich als ein Diener des Schönen, der die liebevollen Momente und das schöne Leben auf seinem Blog www.soul-pics.com teilt und feiert.

Wellcuisine findest du auch im Internet unter **www.wellcuisine.net.**

WEITERE PUBLIKATIONEN VON STEFANIE REEB UND THOMAS LEININGER

SÜSS & GESUND
Backen ohne Zucker, Laktose, Eier und Weizen
Knaur Balance
2015

ICH, LILLY
Vom Glück, ein Hund zu sein, und was meine Menschen von mir lernen können
Knaur Taschenbuch
2015